世界快递产业
发展史

SHIJIE KUAIDI
CHANYE FAZHANSHI

黄景贤 柏松 著

经济日报 出版社

图书在版编目（CIP）数据

世界快递产业发展史／黄景贤，柏松著．—北京：
经济日报出版社，2021.11
ISBN 978－7－5196－0977－1

Ⅰ.①世… Ⅱ.①黄…②柏… Ⅲ.①快递—产业发
展—研究—世界 Ⅳ.①F631

中国版本图书馆 CIP 数据核字（2021）第 234224 号

## 世界快递产业发展史

| | |
|---|---|
| 著　　者 | 黄景贤　柏　松 |
| 责任编辑 | 门　睿 |
| 责任校对 | 刘　芬 |
| 出版发行 | 经济日报出版社 |
| 地　　址 | 北京市西城区白纸坊东街 2 号 A 座综合楼 710（邮政编码：100054） |
| 电　　话 | 010－63567684（总编室） |
| | 010－63584556（财经编辑部） |
| | 010－63567687（企业与企业家史编辑部） |
| | 010－63567683（经济与管理学术编辑部） |
| | 010－63538621　63567692（发行部） |
| 网　　址 | www. edpbook. com. cn |
| E－mail | edpbook@126. com |
| 经　　销 | 全国新华书店 |
| 印　　刷 | 廊坊市海涛印刷有限公司 |
| 开　　本 | 710×1000 毫米　1/16 |
| 印　　张 | 16 |
| 字　　数 | 207 千字 |
| 版　　次 | 2022 年 1 月第一版 |
| 印　　次 | 2022 年 1 月第一次印刷 |
| 书　　号 | ISBN 978－7－5196－0977－1 |
| 定　　价 | 64.00 元 |

# 前　言

2020 年国家邮政局发展研究中心发布了《中国快递行业发展研究报告（2019—2020 年）》（以下简称《报告》）。《报告》指出快递行业 1.0 时代，主要支持满足最基本的包裹寄递需求和电商件送货要求，业务和质量的主要关注点在于基本的时效和丢失损毁风险把控。快递行业进入 2.0 时代，行业逐渐从关注单纯的基础服务支持逐步向用户体验升级、向供应链效率改造的方向进阶，成为引领商业经营"体验经济"的核心竞争力之一，快递基础设施的不断完善让商业模式创新成为可能。快递行业全新的 3.0 时代，技术要素作为新的生产力工具，与快递行业实现深度融合，快递将服务范围延伸到大物流领域，传统生产组织和用户服务方式发生变化，科技将持续推进企业核心商业模式创新（国家邮政局发展研究中心，2020）。

目前，快递产业领域产业跨界成为常态，从快递向快运、大件重货、云仓、商业新零售、共享众包等多领域发展。快递、即时递、重货、零担边界模糊，产业上下游跨界场景更多，快递物流成为商业竞争重要砝码。新型综合物流服务商的演变趋势仍将持续并在特定时期有所加速。5G、IoT、AR、无人驾驶等技术应用，全场景应用加快，尤其是运输、分拣、仓储、系统平台、投递等领域，人工智能、AI、大数据等技术加持的快递物流科技产品，在物流场景中纷纷落地实现应用（国家邮政局发展研究中心，2020）。我国顺丰、百世、圆通、中通、申通和韵达等快递企业出海步伐稳健，快递国际网络继续加深。

快递产业发展到今日，提到快递产业人们往往会联想到飞机、大型仓储中心、人工智能、5G、物联网等高科技相关的事物。但是最初的快递产业是一种粗放型的产业，是劳动密集型的产业，世界上著名的快递产业创始人大多都经历了许许多多的磨难和挫折，才进入今日的快递行业 3.0 时代，对快递产业的产生发展直至今日快递产业的热点问题做系统性的研究是非常有意义的，会让我们对快递产业有更加立体的认识。

本书的主要工作是对世界各国快递产业的形成和发展、法律地位的确立、国际化及供应链解决方案商业模式、快递与电子商务的协同发展等进行了系统的研究和介绍。本书将中国、美国、日本和印度的快递产业发展史分阶段进行解析，中间利用比较分析法对中日快递产业和中印快递产业进行比较分析。为了让读者更加理解各个阶段的历史，本书还对中国、美国、日本和印度的代表性企业分别做快递 1.0 时代、快递 2.0 时代和快递 3.0 时代的案例介绍，增加了本书的趣味性和可读性。最后本书对中国、美国、日本和印度的代表性企业的供应链解决方案商业模式和智慧物流的发展状况做了案例分析。

本书的内容由十章构成：第一章是研究概况及相关概念的定义；第二章是中国快递产业发展史；第三章是美国快递产业发展史；第四章是日本快递产业发展史；第五章是印度快递产业发展史；第六章是世界代表性企业的快递 1.0 时代；第七章是世界代表性企业的快递 2.0 时代；第八章是代表性企业的快递 3.0 时代；第九章是世界代表性企业的智慧物流和供应链解决方案；第十章对本书的研究做了总结，并对今后的研究方向做了展望。

世界快递产业的发展日新月异，本书的研究给出了一定的总结。当然，本书的研究未必全面，为此欢迎学界同人能够批评指正。作者在今后的研究和学习中会进一步发展和完善。

黄景贤

**2021 年 10 月 14 日**

# 目　录

## 第 9 章 世界代表性企业的智慧物流和供应链解决方案 ⋯⋯ 158

# 图目录

# 第1章

# 研究概况及相关概念的定义

在本章，首先对本书的研究意义、研究内容和研究方法做简单的介绍。然后对本书涉及的一些概念，快递、物流、供应链解决方案、绿色物流、智慧物流、海外仓、快递产业的定义和含义做详细界定，以方便读者更好理解本书的内容。

## 1.1 研究意义

快递产业提供包括门对门服务、通关服务、次日配送服务、分时间段配送服务及信息跟踪服务等一系列的服务。据 Global Express Association（全球快递协会）统计，2009—2014 年，快递产业以每年 7% 的速度成长起来。在 2013 年，快递产业为全世界提供了大约 300 万人规模的就业机会，占全球 GDP 的 0.19%，达到了 1400 亿美元。

快递产业是物流产业的一个分支部分，可以认为是现代物流的代表性产业。快递产业提供的是快速安全准确的创新型物流服务，是供应链管理的重要环节。快递产业提供高附加值的物流服务，属于现代新兴服务贸易。快递产业既提供国内快递服务也提供国际快递服务，国际快递服务需要在国际间进行货物运输配送，需要海关通关程序。欧美快递产业随着全球化贸易的展开，逐渐将快递网络由本国市场拓展到国际市场，包括亚太地区的许多国家。中国、日本及印度等国家的本土快递企业很长时间都是与欧美的快递企业同时展开业务，随后本土企业不断发展并参与到全球化竞争当中。此外，随着各国邮政业的改革，邮政参与到了快递产业，对快递产业产生了很大的影响。

快递产业对于许多商业活动来说都是非常重要的，它提升了全球供应链的效率和速度，使企业在任何时间、任何地点都可以进行零部件的配送、产品的组装及贸易单据的配送。近年来，跨境电子商务的发展与快递产业的发展也取得了相互促进共同发展的效果。同时，国际快递产业的蓬勃壮大还促进了各国海关业务效率的提升，在海关提高效率带来的贸易量提升中，大约有三分之二是由国际快递促成的。快递产业在支持政府和企业进入全球化市场的过程中发挥了重要的作用。

国际市场风云变幻，国际消费者的需求日新月异，快递产业对全球供应链的构建、全球制造业的发展及全球零售业网络的拓展都起到了至关重要的作用。本书对世界各国快递产业的形成和发展、法律地位的确立、国际化及供应链解决方案商业模式、快递与电子商务的协同发展等进行了系统的研究和介绍，以开拓读者的视野。

## 1.2　研究内容

本书系统地介绍了世界快递产业发展的历程。首先以四个国家和地区的快递产业发展历程，包括中国快递产业发展史、美国快递产业发展史、日本快递产业发展史和印度快递产业发展史为中心，为读者展示了世界快递产业的概况。接着作者选择了中国、美国、日本和印度的代表性企业分别做快递1.0时代、快递2.0时代和快递3.0时代的案例分析。最后作者对中国、美国、日本和印度的代表性企业的智慧物流和供应链解决方案做了案例分析。

本书试求将不同国家的快递产业的发展分为六个阶段，各个国家的六个发展阶段侧重点有所不同，中国快递产业发展的六个阶段分别是中国邮政速递服务公司（EMS）垄断经营阶段、中国本土快递产业蓬勃兴起的阶段、中国邮政体制改革的阶段、中国快递企业与国际快递企业抢占市场的阶段、电商与中国快递产业的协同发展的阶段及中国快递产业向综合型物流服务企业转型的阶段。美国快递产业发展的六个阶段分别是美国水路快递的时期、美国铁路快递的时期、美国公路快递的时期、美国航空快递的时期、全球供应链时代的美国快递产业及跨境电商时代的美国快递产业。日本快递产业发展的六个阶段分别是日本飞脚快递的时代、日本邮政快递和铁路快递的时代、日本个人快递的时代、日本商业快递的时代、日本国际快递的时代及日本快递产业供应链解决方案构想。印度快递产业发展的六个阶段分别是：印度快递产业的原始时代、印度快递产业面向国外市场的时代、印度邮政改革的时代、印度国内快递网络形成的时代、印度国际快递的时代及电商时代的印度快递产业。

　　本书对中国、美国、日本和印度的代表性企业分别做快递 1.0 时代、快递 2.0 时代和快递 3.0 时代的案例分析。分别为中国邮政速递 EMS 的 1.0 时代、快递 2.0 时代和快递 3.0 时代；中国顺丰速运的快递 1.0 时代、快递 2.0 时代和快递 3.0 时代；中国申通快递的快递 1.0 时代、快递 2.0 时代和快递 3.0 时代；中国圆通速递的快递 1.0 时代、快递 2.0 时代和快递 3.0 时代；中国中通快递的快递 1.0 时代、快递 2.0 时代和快递 3.0 时代；中国百世快递的快递 1.0 时代、快递 2.0 时代和快递 3.0 时代；中国韵达速递的快递 1.0 时代、快递 2.0 时代和快递 3.0 时代；中国京东物流的快递 1.0 时代、快递 2.0 时代和快递 3.0 时代；中国苏宁物流的快递 1.0 时代、快递 2.0 时代和快递 3.0 时代；中国德邦快递快递的 1.0 时代、快递 2.0 时代和快递 3.0 时代；中国菜鸟物流的快递 1.0 时代、快递 2.0 时代和快递 3.0 时代；美国 FedEx 的快递 1.0 时代、快递 2.0 时代和快递 3.0 时代；美国 UPS 的快递 1.0 时代、快递 2.0 时代和快递 3.0 时代；德国 DHL 的快递 1.0 时代、快递 2.0 时代和快递 3.0 时代；日本雅玛多运输的快递 1.0 时代、快递 2.0 时代和快递 3.0 时代；日本佐川急便的快递 1.0 时代、快递 2.0 时代和快递 3.0 时代；印度 Blue Dart 的快递 1.0 时代、快递 2.0 时代和快递 3.0 时代；印度 DTDC 的快递 1.0 时代、快递 2.0 时代和快递 3.0 时代。

本书对世界上具有代表性的快递企业的智慧物流发展现状和供应链解决方案做了案例分析。分别是中国邮政速递 EMS 的智慧物流发展现状和供应链解决方案、顺丰速运的智慧物流发展现状和供应链解决方案、申通快递的智慧物流发展现状和供应链解决方案、圆通速递的智慧物流发展现状和供应链解决方案、中通快递的智慧物流发展现状和供应链解决方案、百世快递的智慧物流发展现状和供应链解决方案、韵达速递的智慧物流发展现状和供应链解决方案、京东物流的智慧物流发展现状和供应链解决方案、苏宁物流的智慧物流发展现状和供应链解决方案、德邦快递的智慧物流发展现状和供应链解决方案、菜鸟网络的智慧物流发展现状和供应链解决方案、美国 FedEx 的智慧物流发展现状和供应链解决方案、美国 UPS 的智慧物流发展现状和供应链解决方案、德国 DHL 的智慧物流发展现状和供应链解决方案、日本雅玛多运输的智慧物流发展现状和供应链解决方案、日本佐川急便的智慧物流发展现状和供应链解决方案、印度 Blue Dart 的智慧物流发展现状和供应链解决方案及印度 DTDC 的智慧物流发展现状和供应链解决方案。

# 1.3　研究方法

本书将快递产业的发展分为六个阶段来解读，主要是基于阶梯理论的理论框架。管理阶梯理论认为经济发展的阶段可以分为原始经济时期、小农经济时期、资本主义初期、前工业化时期、后工业化时期和创新开创未来。本书在解读了世界快递产业及代表性企业的六个发展阶段之后，对各国代表性企业的智慧物流和供应链解决方案做了案例分析。智慧物流和供应链解决方案商业模式会是快递产业今后一段时期的创新和发展的主要源泉。

在对各国快递产业阶段划分并分析之后，作者对各国代表性快递企业的1.0时代、2.0时代、3.0时代做了案例分析。由于各国的经济发展宏观环境的不同，各国快递产业的起步期及发展过程不尽相同。有些快递企业一开始就利用飞机运输货物，有些快递企业在开展快递业务之前在运输领域已经积累了丰厚的企业资源，有些快递企业是从小作坊形式开始发展的，有些快递企业采用最原始的劳动力运送货物的形式起步。即使某些企业从起步就拥有了先进的物流基础设施，进入了2.0时代，但是为了便于读者对整体内容的理解笔者仍然对其做了1.0时代的简略概括，读者可以更好地对诸多企业的发展历程做比较。

本书力求将各国快递产业的发展划分成不同的时期，但是由于许多快递业务的展开，如国内快递与电商快递、国际快递与跨境电商快递、国际快递与供应链解决方案等业务都有一定程度的交叉，没有办法清晰地进行划分。在今后的研究中笔者会进一步基于具体的经济指标进行深入研究。

本书主要采用文献研究和企业研究，文献研究包括博硕论文、期刊论文、各国政府快递相关管理职能部门及产业联盟等的法律法规等，企业研究的许多资料来源于各个快递企业的官网上的资料等。

# 1.4 快递的定义

## 1.4.1 中国政府相关部门对快递的定义

中国国家邮政局自2008年1月1日起实施的《中华人民共和国邮政行业标准：快递服务》（以下简称《快递服务》）规定快递服务（Express Service；Courier Service）是指快速收寄、运输、投递单独封装的、有名址的快件或其他不需存储的物品，按承诺时限递送收件人或指定地点，并获得签收的寄递服务。其中，快件是指快递服务组织依法收寄并封装完好的信件和包裹寄递物品的统称。交通运输部2008年7月12日施行的《快递市场管理办法》规定快递是指快速收寄、分发、运输、投递单独封装、具有名址的信件和包裹等物品，以及其他不需存储的物品，按照承诺时限递送到收件人或指定地点，并获得签收的寄递服务。快递服务是随着全球经济的快速发展和市场竞争的日益加剧，邮政普遍服务和普通货运服务方式远远无法满足企业快速传递商业文件和样品的需求而产生的。

《快递服务》根据快递服务的服务区域和相应时限将快递服务划分为同城快递服务、国内异地快递服务和国际快递服务。同城快递服务（Urban Express Service）是指寄件人和收件人在中华人民共和国内地同一个城市内的快递服务。同城快递服务除与顾客有特殊约定（如偏远地区）外，服务时限应满足不超过 24 小时的要求。国内异地快递服务（Inland Express Service）是指寄件人和收件人分别在中华人民共和国内地不同城市的快递服务。国内异地快递服务除与顾客有特殊约定（如偏远地区）外，服务时限应满足不超过 72 小时的要求。港澳快递服务（Hongkong and Macao express service）是指寄件人和收件人分别在中华人民共和国内地和香港、澳门地区的快递服务。台湾快递服务（Taiwan express service）是指寄件人和收件人分别在中华人民共和国内地和台湾地区的快递服务。国际快递服务（International Express Service）是指寄件人和收件人分别在中华人民共和国和其他国家或地区的快递服务。国际快递服务的递送时间以寄件人所约定的服务时间计算为准。《快递服务》按照快件内件性质分类为信件类和物品类。信件类主要包括信函，即以信封形式按照名址递送给特定个人或单位的缄封的信息载体，如书信、各类文件、各类单据和证件、各类通知及有价证券等（国家质量监督检验检疫总局、国家标准化管理委员会，2011）。根据《邮政法》的规定，国务院规定范围内的信件寄递业务，由邮政企业专营。快递企业经营邮政企业专营业务范围以外的信件快递业务，应当在信件封套的显著位置标注信件字样。快递企业不得将信件打包后作为包裹寄递。物品类是指所有适于寄递的货样、商品、馈赠礼品及其他物品（全国人民代表大会常务委员会，2015）。

### 1.4.2 美国政府相关部门对快递的定义

美国国际贸易委员会（United States International Trade Commission，VSITC）曾经在调查报告书中对快递（Express Delivery Services）做过定义。第一是能够快速的收集、运送和配送文件、印刷品、小件货物或其他商品，在提供服务的全过程当中能够对这些货物追踪并管控。第二能够提供其他相关的服务，如顺利的通关、其他物流服务（United States International Trade Commission，2004）。原文如下：

The Commission defined Express Delivery Services as （i）the expedited collection，transport and delivery of documents，printed matter，parcels and/or other goods，while tracking the location of，and maintaining control over，such items throughout the supply of the service；and （ii）services provided in connection therewith such as customs facilitation and logistics services.

快递企业提供的主要服务就是在保证的时间内完成文件、小件货物和普通货物的运送。利用快递服务的顾客可以选择配送时间的长短，如次日配送、2 日配送或延迟配送等。快递的价格由配送速度、配送距离和货物重量决定。快递从业者利用分拣作业中心和航空枢纽中心网络完成配送活动。首先快递企业到发货方取货或发货方将货物递交到快递企业网点，然后在分拣中心完成卡车的分装集货，利用卡车将货物运送到发货地枢纽分拣中心。在分拣中心完成分拣后，利用长距离运输工具将货物分散运送到收货方目的地的分拣中心再一次分拣，最后利用卡车等工具将货物配送收货地的分拣中心再一次分拣，最后送到收货方手中或收货方能够提取货物的站点。

国内航空快递流程如图 1 - 1 所示：

（发货地）发货方/取货地

地面运输

分拣中心

地面运输

收货方/货物送达地点

发货地枢纽机场/分拣中心 ----→ 中转机场

飞机运输

目的地枢纽机场/分拣中心

地面运输

作业中心/分拣中心

（目的地）收货方/卸货地

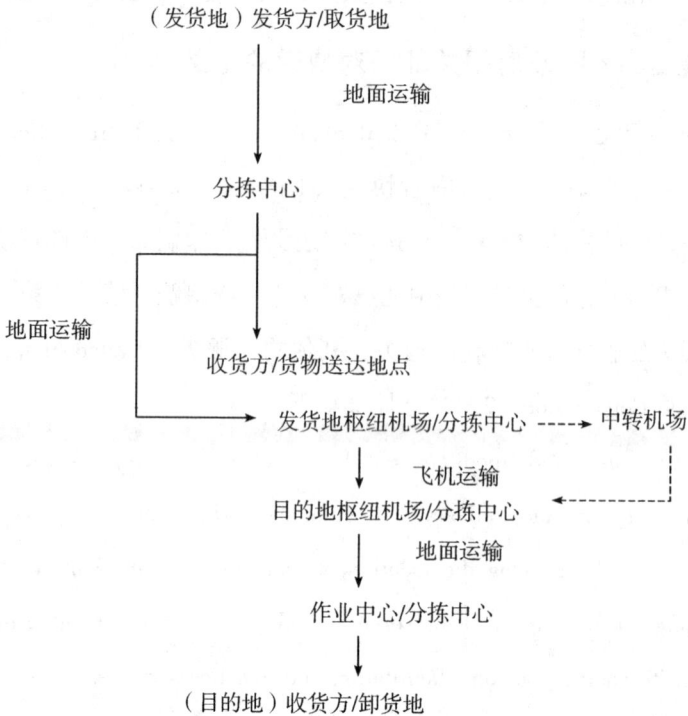

**图 1-1　国内航空快递流程**

（图片来源：United States International Trade Commission，2004）

## 1.4.3　日本相关部门对快递的定义

日本国土交通省在调查报告中指出：快递就是利用一般货物汽车运输行业中的特殊的混装货物运输，或者是利用铁路、内河、货车、航空进行的特殊混装货物运输，再或者是利用几种运输方式进行的特殊混装货物运输，重量一般在 30 公斤以下，一次一件，标有货物名称的货物运送活动。

信件是指书籍、杂志、产品目录等比较轻量的货物，从发货人取货后，投递到收货人的邮箱，完成运输服务，每次一册的货物，标有货物名称进行货物运输配送服务。

消费者⇒消费者（CtoC）、企业⇒消费者（BtoC）、企业⇒企业（BtoB）

的任何一种运送形式都称为快递。2007年10月，随着日本邮政民营化的成功，日本的邮便事业株式会社［2012年10月，日本邮便局（株）和现在的日本邮便（株）合并］，并属于日本货物运送事业法的管制范围。

另外，日本国土交通省在调查报告书中指出，国际快递就是进行发货人和收货人之间门到门的30公斤以下的文件或物品，一贯性服务的国际运输活动。目前Integrator（物流供应链整合者）是国际快递场的领军者。一般的国际快递服务提供商和以FedEx为代表的Integrator（物流供应链整合者）的国际快递的流程如图1-2所示。一般的国际快递流程需要经过多家相关企业，如国际快递代理店、国际快递公司、通关公司、拼箱代理店及航空公司等。Integrator（物流供应链整合者）提供所有的包括快递、通关、运输等业务流程，速度快、收取的费用也是包含了所有流程的费用，对于利用者而言非常的便利（日本国土交通省航空局，2014）。

一般的国际快递流程

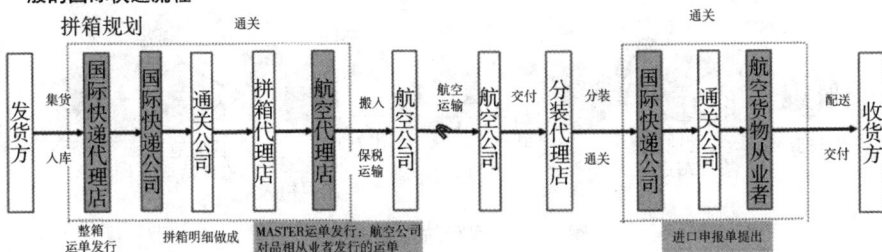

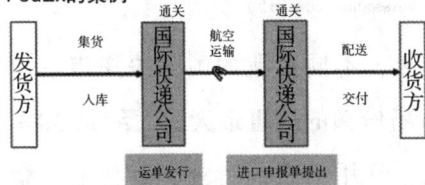

**图1-2 一般快递企业与综合型物流服务提供商的国际快递流程比较**

（图片来源：日本国土交通省航空局，2014年）

### 1.4.4　全球快递协会对快递的定义

全球快递协会（Global Express Association）认为，快递是货物运输界的商务舱级别的服务。快递企业提供可以信赖的门对门次日或 2~3 日的运输配送服务。运输过程可以连续追踪、提供代办跨境通关手续及代收货款等服务（Global Express Association，2015）。原文如下：

Express delivery has been described as "the business class of cargo services". Express delivery companies provide highly reliable door-to-door transport of shipments and deliver them either the next day or on a time-definite basis (typically between 2 and 3 days). They can track constantly the location and progress of a shipment, and provide for cross-border customs clearance and for the collection of payment from customers.

国际快递缩短了时间和空间的距离，为国际贸易提供任何地点的 2~3 日物流服务。国际快递服务的流程如图 1-3 所示：

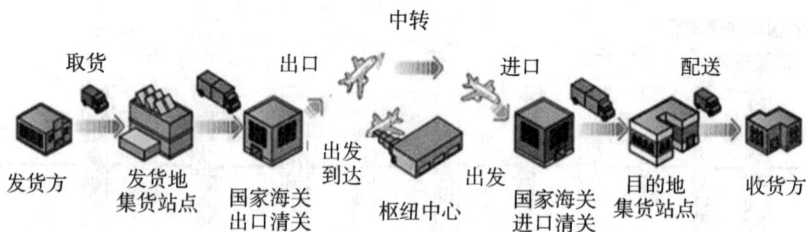

**图 1-3　国际航空快递流程**

（图片来源：Global Express Association，2015）

根据全球快递协会的调查，2014 年，不同产业的国际快递市场份额如图 1-4 所示，工程和制造业占市场份额的比重最大，大约是 30% 的市场份额。其次是交通运输服务业、日用消费品行业、零售业、金融服务业、健康服务业、仓储业、纤维制造业、汽车制造业、印刷业及其他。

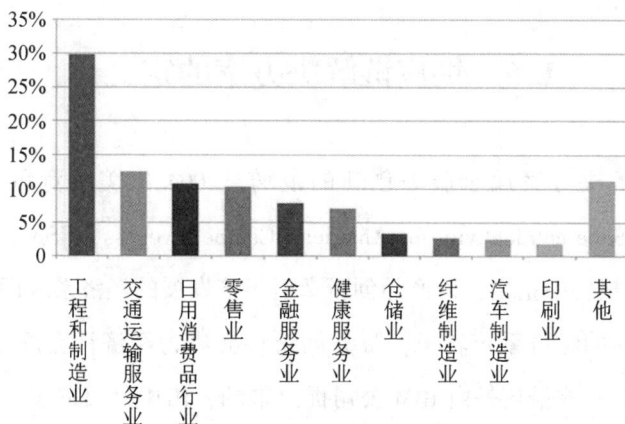

**图1-4 不同产业的国际快递市场份额**

（图片来源：Global Express Association，2015）

## 1.5 物流的定义

美国供应链管理协会（Council of Supply Chain Management Professionals，CSCMP）的定义：物流（Logistics）是为了满足最终顾客的需要，发货方对货物、服务和物流信息等目标对象，从发货地点到消费地点的一系列经营活动进行的有效率收益高的计划、执行和控制活动的过程，这些活动主要包括货物的流动和货物的仓储等。

传统的物流（Physical Distribution），是以货物运输为中心，向非固定用户提供共性化的服务。现代物流（Logistics），强调的是以客户为中心，向特定的客户提供定制的服务，并对整个过程进行管理的过程。快递企业向综合性物流服务提供商转型，提供的是现代物流服务。综合性物流服务是对运输流程、货代流程、航空流程、仓储流程、包装流程、流通加工流程、快递流程及邮递流程等各个领域多种资源的优化整合的过程。

## 1.6 供应链解决方案的定义

供应链解决方案属于服务创新的范畴。2004 年美国竞争力委员会（Council on Superconductivity for American Competitiveness，CSAC）在 Innovate America 报告中指出，以产品创新牵引经济发展的经济系统即将向以服务为中心创新的经济系统转换，服务创新将会成为经济社会的主要课题。解决方案商业模式最初是由 IBM 公司提出来的，IBM 公司把顾客的各种各样的技术需求很好地组合起来，寻求创造性的有效率的解决方案并向顾客提供。自此，解决方案商业模式在制造业界，特别是在 IT 业界兴盛起来。本书中所论述的快递产业，与传统的制造业和 IT 业不同，它属于服务行业。处于发货方和收货方之间的快递从业者，提供小件货物的迅速准确的运输服务，并且针对双方遇到的问题提供解决方案，这就是快递企业进行的供应链（SCM）解决方案商业模式创新。

## 1.7 绿色物流的定义

全国物流标准化技术委员会和全国物流信息管理标准化技术委员会在《中华人民共和国国家标准：物流术语》中对绿色物流做出了明确的定义。绿色物流（Environmental Logistics）是指在物流过程中抑制物流对环境造成危害的同时，实现对物流环境的净化，使物流资源得到最充分利用。绿色物流是实现顾客满意，连接绿色需求主体和绿色供给主体，克服空间和时间限制的有效、快速的绿色商品和服务的绿色经济管理活动过程。绿色物流使物流资源得到充分利用。绿色物流的内涵包括以下五个方面：

集约资源。通过整合现有资源，优化资源配置，企业可以提高资源利用率，减少资源浪费。

绿色运输。要想打造绿色物流，首先要对运输线路进行合理布局与规划，通过缩短运输路线，提高车辆装载率等措施，实现节能减排的目标。另外，还要注重对运输车辆的养护，使用清洁燃料，减少能耗及尾气排放。

绿色仓储。绿色仓储一方面要求仓库选址要合理，有利于节约运输成本；另一方面，仓储布局要科学，使仓库得以充分利用，实现仓储面积利用的最大化，减少仓储成本。

绿色包装。绿色包装可以提高包装材料的回收利用率，有效控制资源消耗，避免环境污染。

废弃物物流。废弃物物流是指将经济活动中失去原有使用价值的物品，根据实际需要进行收集、分类、加工、包装、搬运、储存等，并分送到专门处理场所时所形成的物品实体流动（全国物流标准化技术委员会和全国物流信息管理标准化技术委员会，2007）。

## 1.8 智慧物流的定义

2009 年，中华人民共和国国务院《物流业调整和振兴规划》提出，积极推进企业物流管理信息化，促进信息技术的广泛应用；积极开发和利用全球定位系统（GNSS）、地理信息系统（GIS）、道路交通信息通信系统（VICS）、不停车自动交费系统（ETC）、智能交通系统（ITS）等运输领域新技术，加强物流信息系统安全体系研究。同年，中国物流技术协会信息中心、华夏物联网、《物流技术与应用》编辑部联合提出，智慧物流是指通过智能软硬件、物联网、大数据等智慧化技术手段，实现物流各环节精细化、动态化、可视化管理，提高物流系统智能化分析决策和自动化操作执行能力，提升物流运作效率的现代化物流模式（中华人民共和国国务院，2009）。

2011 年 8 月，《国务院办公厅关于促进物流业健康发展政策措施的意见》强调，加强物流新技术的自主研发，重点支持货物跟踪定位、无线射频识别、物流信息平台、智能交通、物流管理软件、移动物流信息服务等关键技术攻关。适时启动物联网在物流领域的应用示范（中华人民共和国国务院办公厅，2011）。

顺丰速运、京东物流、苏宁物流、菜鸟物流及圆通速递等快递物流企业都在积极地进行智慧物流的基础建设投资，抢占未来的市场。

## 1.9　海外仓的定义

海外仓为《2016年政府工作报告》（以下简称《报告》）新词。该《报告》指出，扩大跨境电子商务，支持出口企业建设一批出口产品"海外仓"，促进外贸综合服务企业发展。2015年5月商务部《"互联网+流通"行动计划》推出，不少电商平台和出口企业正通过建设"海外仓"布局境外物流体系。海外仓的建设可以让出口企业将货物批量发送至国外仓库，实现该国本地销售，本地配送。这种新的跨国物流形式有利于解决发展跨境电子商务的难点问题，鼓励电商企业走出去。消费者下单后，出口企业通过海外仓直接本地发货，大大缩短配送时间，也降低了清关障碍；货物批量运输，降低了运输成本；消费者收到货物后能轻松实现退换货，也改善了购物体验。在各大跨境电商和出口企业建设海外仓的同时，相关政府部门应完善跨境电商相关的法律、税收服务建设（中国政府网，2016）。物流仓储在跨境电商中起着举足轻重的作用。其中，海外仓是解决跨境电商物流成本高昂，配送周期长的有效途径。随着跨境电商竞争越发激烈，无论从买家需求更好的购物体验，还是平台提高整体服务水平的角度，鼓励卖家使用海外仓实现本土发货已成为未来平台重点策略之一。2019年，阿里巴巴速卖通发布了一系列跨境电商业务战略升级举措，助力跨境电商卖家在日益竞争的电商市场中抢占先机。其中，速卖通联合菜鸟物流重点推进海外仓建设就是其至关重要的一项举措。

# 1.10 快递产业的含义

2009 年，徐希燕在《中国快递产业发展研究报告》中指出，快递产业属于现代服务业中的生产服务业，它是以工业和商业活动为主要服务对象，利用一种或多种运输式提供包括提取、运输和递送快件的快递服务，以最快的速度在货主、快件运输公司和用户之间运送急件，通过创造时间价值促进商流、物流、信息流和资金流的快速流动，降低企业的生产和运输成本，并直接推动相关产业如交通运输业、电子商务等多项相关产业的发展，为经济发展和产业升级提供重要支撑的必要组成部分（徐希燕，2009）。

快递产业的定价要比普通货物运输高，时效性高，对安全性的要求高。快递产业的发展带动许多周边产业，如物流产业、电商产业等相关产业的发展。快递产业对信息技术网络系统的要求非常高，快递产业和物流信息技术的发展是相辅相成的。

# 第2章

# 中国快递产业发展史

在本章中，笔者首先对中国快递产业的发展现状做简单的介绍。之后本书会把中国快递产业的发展分成六个阶段进行论述，分别是中国邮政速递服务公司（EMS）垄断经营阶段、中国本土快递产业蓬勃兴起的阶段、中国邮政体制改革的阶段、中国快递企业与国际快递企业抢占市场的阶段、电商与中国快递产业的协同发展的阶段、中国快递产业向综合型物流服务企业转型的阶段。

中国的快递市场很长一段时间是由中国邮政垄断的，中国邮政提供的EMS 服务在很长时间内为中国消费者提供了可信赖的快递服务。随着中国市场经济的发展及全球化的进程，中国民营快递企业如雨后春笋般成长起来，虽然很长时间内被认为是不合法的灰色领域的快递经营者，但是由于适应了当时中国市场的需求，虽然身处夹缝，要面对中国邮政和国际快递企业两个强大的竞争对手，还是不断地发展壮大，到目前中国民营企业已经成为中国国内快递产业的主力军。

中国邮政不断改革，国际快递企业一直尝试使用并购、合作等方式进入中国国内市场、扩大国际市场份额，中国民营企业在加强中国国内快递基础设施建设的同时，不断试水进入国际快递市场。中国快递产业持续蓬勃创新发展，推动了中国经济、社会、技术等各个领域的前行。

## 2.1 中国快递产业的发展现状

中国国家邮政局发展研究中心于 2020 年 6 月发布了《中国快递行业发展研究报告（2019—2020 年）》（以下简称《报告》）。《报告》指出中国快递产业正向着高质量的趋势发展，科技创新和应用正深刻改变着快递产业的运营方式。2019 年，我国快递产业业务量累计完成 635.2 亿件，同比增长 25.3%，业务量超过美、日、欧等发达国家经济体总和，占全球包裹量超过 50%（中国国家邮政局发展研究中心，2020）。2019 年快递产业的竞争激烈。顺丰、京东等领先业务范围持续扩大，企业优势继续扩大，国通、全峰等二、三线快递企业被淘汰出局。电商平台企业加强对快递领域的投资，京东在国内快递市场推出第三方寄递服务，阿里巴巴在国际物流市场开展一体化综合服务，布局一体化仓配模式，同时在国内市场推出以"新配盟"为代表的城市配送新平台。

《报告》还指出电商快递业务加速跨境融合，物流产业跨界成为常态，快递赋能实体经济成效显著，供应链业务加速放缓。2019 年，电商流量不断分化，淘宝、拼多多、京东、唯品会、微商、直播带货等传统和新型电商均发展迅猛，快递为了适应电商的发展推出各种相应的业务。2019 年，快递、即时递、重货、零担边界逐渐模糊，产业上下游跨界场景更多，快递物流成为商业竞争的重要砝码。2019 年，快递向快运、大件重货、云仓、商业新零售、共享众包等多领域拓展，跨界求发展。2019 年，全国打造快递服务现代农业"一地一品"年业务量超百万件项目 163 个，新增昆明鲜花、烟台苹果、南宁沃柑、成都柑橘和五常大米等 20 个年业务量超千万件"快递＋"金牌项目，农村地区年收投快件超过 150 亿件，支撑工业品下乡和农产品进城超过 8700 亿元。新增快递服务先进制造业项目 675 个，年支撑制造业产值超 1 万亿元（中国国家邮政局发展研究中心，2020）。受宏观经济波动影响，制造业转型压力加大，供应链升级速度趋缓，加之快递市场竞争节奏加快，快运、即时递等短线业务推进较快，供应链等长线业务推进较慢。2019 年，顺丰在工业制造、快消零售、医药等行业均取得了较大成果，百世也在寻求供应链业务突破，虽总体推进缓慢，但新型综合物流服务商的演变趋势仍将持续。

在智慧物流方面，《报告》指出，科技创新应用贯穿快递全流程、全场景，人工智能、AI、大数据应用加快。继顺丰集团成立顺丰科技之后，中通跨界成立智能科技公司，主营物流信息与供应链相关服务，加大在基建设施和智能科技研发方面的投入。圆通、申通等公司也加大对物流科技的投入。快递企业纷纷通过科技力量应对日益激烈的市场竞争。冷链物流市场仍然前景看好，京东物流正式对外发布京东云冷链计划，苏宁物流正在北京、上海、广州、深圳、杭州、大连、武汉、南京等核心30城建设和筹备冷链仓，丹鸟进军生鲜物流，推出"丹鸟鲜送"品牌，通过提供"产地直采＋空陆组合运输＋优先配载＋优先配送"的服务，向商家提供"一站式"生鲜物流解决方案。

2019年，中国快递行业绿色发展稳步推进，绿色快递实现从理念到实战的转换。可循环包装应用、绿色采购和包装回收等一系列绿色举措重磅落地。中国快递企业继续拓展国际快递网络（中国国家邮政局发展研究中心，2020）。国际快递巨头UPS、DHL、FedEx也通过重组业务、优化组合、创新服务等方式推陈出新，积极布局全球跨境电商寄递市场。东南亚地区布局加密。在中国快递企业全球布局目标之中，东南亚、印度、南美、非洲等是近期国际重点拓展市场，其中东南亚地区是快递出海最热门地区。

目前，中国快递产业代表性的企业主要有中国邮政速递物流（以下简称EMS）、顺丰速运有限公司（以下简称顺丰速运）、申通快递有限公司（以下简称申通快递）、圆通速递股份有限公司（以下简称圆通速递）、中通快递股份有限公司（以下简称中通快递）、百世快递有限公司（以下简称百世快递）、韵达速递有限公司（以下简称韵达速递）、京东物流有限公司（以下简称京东物流）、苏宁物流有限公司（以下简称苏宁物流）、德邦快递有限公司（以下简称德邦快递）、菜鸟智能物流控股有限公司（以下简称菜鸟物流）。

1. EMS

EMS拥有首屈一指的航空和陆路运输网络及200多个高效发达的邮件处理中心，国内范围通达全覆盖，并拥有多种不同的快递产品和增值服务，满足客户多样化、个性化的寄件需求。主要产品有国内特快专递、政务专递、商务专递快递、包裹极速鲜及港澳台特快专递等。

中国邮政国际业务为用户提供通达全球 200 多个国家和地区的寄递服务。根据不同产品，可提供信息查询、邮件保价、延误赔偿和丢失赔偿等增值服务，以满足用户寄递物品、文件资料和信件等不同类型的需求。主要产品有国际（地区）特快专递、e 邮宝、挂号小包、跟踪小包、国际包裹、e 特快及中邮海外购等。

中国邮政 EMS 还提供代收货款、返单服务、密码投递、中邮海外仓等增值服务。

### 2. 顺丰速运

顺丰是中国国内领先的综合物流服务商，是一家提供独立第三方行业解决方案的数据科技服务公司。经过多年发展，顺丰建立了为客户提供一体化综合物流服务能力，不仅提供配送端的高质量物流服务，还向产业链上下游延伸，为行业客户提供贯穿采购、生产、流通、销售、售后的高效、稳定、敏捷的数字化、一体化的供应链解决方案，助力行业客户产业链升级。顺丰还是一家具有"天网＋地网＋信息网"网络规模优势的智能物流运营商，拥有对全网络强有力管控的经营模式。顺丰速运的业务涵盖快递业务、快运业务、冷运服务、医药服务及国际服务等领域（顺丰官网，2021）。

### 3. 申通快递

申通快递品牌初创于 1993 年，申通快递拥有中转运输网络和信息网络三网一体的立体运行体系。申通快递立足传统快递业务，全面进入电子商务领域。申通快递在提供传统快递服务的同时，不断积极开拓新兴业务，为客户提供仓储、配送、系统、客服等 B2C "一站式"物流服务、代收货款、贵重物品通道、冷链运输等服务，在国内建立了庞大的信息采集、市场开发、物流配送、快件收派等业务机构。与此同时，申通快递积极投入建设全球海外仓服务体系，为全球跨境电商提供从头程运输、清关、仓储管理、库存管控、订单处理、物流配送和信息反馈等一条龙供应链服务。

目前，申通国际业务已经拓展至美国、俄罗斯、澳大利亚、加拿大、韩国、日本、新西兰、印度尼西亚、尼泊尔、英国、荷兰、欧洲、马来西亚、泰国、孟加拉国等国家。截至 2021 年 1 月，申通快递拥有独立网点及分公司超 4500 家，服务网点及门店 25000 余个，从业人员超过 30 万人，每年新增就业岗位近 1 万个（申通官网，2021）。

4. 圆通速递

圆通速递是一家集快递物流、科技、航空、金融、商贸等为一体的综合物流服务运营商和供应链集成商。圆通速递打造了品质圆通、科技圆通、绿色圆通、德善圆通，构建圆通供应链网络生态命运共同体。圆通速递国际化布局随着"一带一路"走出去、随着跨境电商走出去、随着华人华企走出去。目前，圆通国际网络覆盖 6 大洲，150 多个国家和地区。圆通速递全面推进数字化转型战略，成立物流信息互通共享技术及应用国家工程实验室，推动快递物流行业向科技化、智能化快速发展。圆通速递的业务范围涵盖圆通速递、圆通国际和圆通航空等领域。

5. 中通快递

中通快递是一家以快递为核心业务，集跨境、快运、商业、云仓、航空、金融、智能、传媒、冷链等生态板块于一体的综合物流服务企业。2020 年，中通快递全年业务量突破 170 亿件，同比增长超 40%。

中通快递截至 2020 年 12 月 31 日，全网服务网点近 30000 个，转运中心 94 个，直接网络合作伙伴超过 5350 家，干线运输车辆超过 10450 辆（其中超 7900 辆为高运力甩挂车），干线运输线路约 3600 条，网络通达 99% 以上的区县，乡镇覆盖率超过 92%。中通快递先后在中国台港澳地区、美国、法国、德国、日韩、新西兰、迪拜、马来西亚等地设立中转仓，同时推出欧盟专线、美国专线、日韩专线、新澳专线、东盟专线、中东专线、非洲专线及全球其他国家专线的包裹寄递、物流配送及其相关业务。

近年来，中通快递持续重视自动化、科技化、智能化、绿色化发展，对于新装备的研发投入不断加大，发力挖掘自身价值，持续为合作伙伴赋能，为客户提供更加便捷、优质、精准的服务（中通官网，2021）。

### 6. 百世快递

百世快递以信息化、自动化建设为核心能力，运用信息化手段探索快递行业转型升级之路。百世快递服务网络覆盖全国，业务辐射至西藏自治区、新疆维吾尔自治区等偏远地区，乡镇覆盖率位居行业前列。截至 2020 年 12 月底，百世快递在全国拥有 87 个转运中心，49000 多个末端网点，省市网络覆盖率达 100%，区县覆盖率达 100%（百世官网，2021）。

百世快递致力于以信息指导物流，以创新提升效率，将科技创新"基因"融入企业发展中，不断创新商业模式。百世持续重视自动化、科技化、智能化和绿色化发展，大力投入智能设备，并凭借强大的自主研发能力，有效提升服务水平和运营效率。

百世快递提供百世快递、百世快运、百世国际及百世云仓等服务。百世云仓应用物流数据分析和网络化分仓管理运输、快递资源，为品牌企业提供的仓配一体化的物流外包服务。

### 7. 韵达速递

韵达速递以快递业务为主业，还包括供应链、国际、冷链等丰富的周边产品线，是一家综合快递物流服务提供商。截至 2020 年年末，韵达服务网络覆盖全国 31 个省（区、市）及港澳台地区，通达全球 30 余个国家和地区，为国内外客户提供优质的生活方式体验。2020 年，韵达递送包裹超 140 亿件，同比增长达 41%。韵达利用科技的力量推动高质量发展，通过大数据、信息化、智能化技术，打造智慧物流，构建以快递为核心的生态圈，逐渐发展为具有国际竞争力的全球化综合快递物流服务商。韵达速递的业务主要包括快递业务、仓配业务等领域。

### 8. 京东物流

京东物流是中国领先的技术驱动的供应链解决方案及物流服务商。一体化供应链物流服务是京东物流的核心赛道。目前，京东物流主要聚焦于快速消费品、服装、家电家具、3C、汽车、生鲜等六大行业，为客户提供一体化供应链解决方案和物流服务，帮助客户优化存货管理、减少运营成本、高效分配内部资源，实现新的增长。同时，京东物流将长期积累的解决方案、产品和能力模块化，以更加灵活、可调用与组合的方式，满足不同行业的中小客户需求。

京东物流建立了包含仓储网络、综合运输网络、配送网络、大件网络、冷链网络及跨境网络在内的高度协同的六大网络，具备数字化、广泛和灵活的特点，服务范围覆盖了中国几乎所有地区、城镇和人口，不仅建立了中国电商与消费者之间的信赖关系，还通过211限时达等时效产品和上门服务，重新定义了物流服务标准。在2020年，京东物流助力约90%的京东线上零售订单实现当日和次日达，客户体验持续领先行业。截至2021年6月30日，京东物流运营约1200个仓库，包含京东物流管理的云仓面积在内，京东物流仓储总面积约2300万平方米（京东官网，2021）。

京东物流始终重视技术创新在企业发展中的重要作用。基于5G、人工智能、大数据、云计算及物联网等底层技术，京东物流正在持续提升自身在自动化、数字化及智能决策方面的能力，不仅通过自动搬运机器人、分拣机器人、智能快递车等，在仓储、运输、分拣及配送等环节大大提升效率，还自主研发了仓储、运输及订单管理系统等，支持客户供应链的全面数字化，通过专有算法，在销售预测、商品配送规划及供应链网络优化等领域实现决策。凭借这些专有技术，京东物流已经构建了一套全面的智能物流系统，实现服务自动化、运营数字化及决策智能化。截至2021年6月30日，京东物流在全国共运营38座"亚洲一号"大型智能仓库。

京东物流构建了协同共生的供应链网络，中国及全球各行业合作伙伴参与其中。2017年，京东物流创新推出云仓模式，将自身的管理系统、规划能力、运营标准、行业经验等赋用于第三方仓库，通过优化本地仓库资源，有效增加闲置仓库的利用率，让中小物流企业也能充分利用京东物流的技术、标准和品牌，提升自身的服务能力，目前京东云仓生态平台运营的云仓数量已超过1400个。通过与国际及当地合作伙伴的合作，截至

2021 年 6 月 30 日，京东物流已建立了覆盖超过 220 个国家及地区的国际线路，拥有约 50 个保税仓库及海外仓库。

同时，京东物流着力推行战略级项目"青流计划"，从"环境"（Planet）"人文社会"（People）和"经济"（Profits）三个方面，协同行业和社会力量共同关注人类的可持续发展。京东物流是国内首家完成设立科学碳目标倡议（SBTi）的物流企业，同时引入使用更多新能源车辆，推广和使用更多可再生能源和环保材料，践行绿色环保措施。

9. 苏宁物流

苏宁物流提供标准的门到门、全年 365 全天候服务，拥有非常丰富的产品体系，苏宁秒达、半日达、准时达、准时取、次日达、预约送、大件送装一体，并提供多样化的最后 100 米服务，涵盖社区配送、社区自提、门店自提、智能自提柜。

苏宁物流的供应链服务以深度覆盖网、充足资源池、强大 IT 支持为优势提供一体化产品解决方案，大数据精准管理。面向供应商、平台商户、社会客户提供工厂到仓、经销商、门店和消费者的全链路供应链物流解决方案，专注服务仓配客户，为客户提供物流区域、活动、季节等多种分仓模式，提供全生命周期和灵活的时效管理，主推客户的品牌价值提升，并提升消费者购物体验，全面支持客户的业务拓展（苏宁官网，2021）。

10. 德邦快递

德邦快递自 1996 年成立，现已成长为一家以大件快递为主力，联动快递、物流、跨境、仓储与供应链的综合性物流供应商。德邦快递通过定制化的创新为各行业客户提供代收货款、签单返回、保价运输、安全包装等增值服务。德邦快递通过 PDA、CRM、官网平台、APP 等系统，实现营运端到端的透明化管理，多样化智能侦测和手机实时查看。建立以人员优化、日常管理、车辆保障、线路风险预防等方面的车辆安全防控体系。

信息化是现代物流发展的必由之路，也是德邦快递精细化管理的重点。目前，德邦科技拥有 138 个 IT 系统、57 个 IT 项目、5 个开发平台。

每年投入超过 5 亿元，未来将继续加大 IT 资源投入，让科技助力快递（德邦官网，2021）。

11. 菜鸟物流

菜鸟物流成立于 2013 年，是一家客户价值驱动的全球化产业互联网公司。菜鸟物流深深扎根在物流产业，把物流产业的运营、场景、设施和互联网技术做深度融合，坚持数智创新、开拓增量、普惠服务和开放共赢。以科技创新为核心，菜鸟在社区服务、全球物流、智慧供应链等领域建立了新赛道，为消费者和商家提供普惠优质服务，搭建了领先的全球化物流网络。菜鸟致力于服务国计民生，长期投入为实体经济降本增效，保障民生流通，稳就业促增收，让物流更加绿色可持续。

## 2.2 中国邮政速递服务公司（EMS）垄断经营阶段

中国现代快递产业的雏形是中国古代的"兵站"。兵站在我国古代运输中发挥着重要的作用和地位，肩负着军事、经济等各种领域的信息和物资的传递任务，兵站还发挥着物流信息传递的任务。"兵站"一词很大程度地接近"Logistic"（现代物流）一词，在西方的物流学的课本中也经常会追溯到中国古代的"兵站"一词。中国古代的兵站与现代物流的配送中心、货物中转站、物流中心、交通运输网络等概念都非常的相似，可以说中国古代的兵站是现代物流的原始状态。到 1914 年，民国初期的交通部将全国的兵站全部裁撤，兵站最终归并于现代的邮局。同年 3 月 1 日，中国正式加入万国邮联，9 月中国开始履行《万国邮政公约》，中国邮政开始和国际惯例接轨。

1927 年，中国共产党领导建立了中国工农红军，首先开辟了井冈山革命根据地，建立了中国苏维埃政权。为了革命斗争的需要，各根据地成立了"递兵哨""传山哨"等通信联络组织，传递军事情报，并在各根据地和国民党统治区建立交通站，传递消息、运送物资。1928 年，在湘赣边区工农民主政府正式成立了"赤色邮政",并于 1929 年发行了邮票。1932 年,赤色邮政改名为"中华苏维埃邮政",建立统一制度,发展为军邮和民用两种形式的通信组织。

1949 年,中华人民共和国成立,同年中国邮政部成立,并确立邮政系统更名为"中国人民邮政"。中国人民邮政属于国有经济组织,服务于国家的政治、经济、文化建设。随后中国人民邮政联通全国各地的邮政网络,提供邮政业务服务,发展日新月异,取得了丰硕的成果,进入了发展的新的历史时期。

进入 20 世纪 80 年代,随着改革经济管理体制和对外开放等一系列重大方针的出台,邮政部门适应市场需求,发展传统业务,拓展新兴业务,促进了我国邮政业务的快速发展。1980 年,中国邮政开办了国际特快专递业务,1984 年开办了国内特快专递业务。进而为了更好地发展特快专递业务,邮电部于 1985 年成立了中国邮政速递服务公司(EMS),增加专用车辆,扩容专业服务人员,开展上门揽件业务。20 世纪 80 年代初,中国邮政的快递业务几乎占领了中国快递业务的整个市场。进入 90 年代,随着我国外向型经济的迅速发展,EMS 也进入快速发展期,整备了物流信息技术网络,并将业务扩展到全世界范围。图 2-1 为中国邮政 EMS 的运输车辆。

**图 2-1 中国邮政 EMS**

(图片来源:中国邮政官网)

# 2.3 中国本土快递产业蓬勃兴起的阶段

中国本土快递产业是在 1990 年到 2000 年迅速发展起来的。1992 年邓小平南方视察讲话之后，中国的珠江三角洲和长江三角洲地区成为世界新一轮国际制造业转移的目的地，是中国参与国际贸易最活跃的地区。随着这些地区民营企业参与国际分工的不断深化，外贸企业对商务通关文件、制造业样品等快递的时效要求变得非常高，中国的许多民营企业都是在这种背景下诞生的。申通快递和顺丰速运都是 1993 年分别在浙江和广东成立，它们弥补了当时邮政快递不能满足高速增长的外贸企业对快递的时效要求，在大时代的背景下快速成长起来。之后中国民营快递企业的发展进入快车道，最多时有高达三万多家的快递企业参与到市场竞争中。当时的国内快递产业形成了三大发展区域：京津环渤海区域、长江三角洲区域和珠江三角洲区域。这三大区域主要以公路运输为主，并且基本上都实现了次日达的标准。中国民营快递企业从客户需要出发，适应了当时的市场发展的需求，以金融贸易和海运业等为主要的服务对象，门对门运输配送商务文件、制造业样品等货物。他们以非常低的价格提供快速的服务，在短短十几年的时间，完成了我国国内的快递网络扩张。

中国民营快递企业的发展很大程度地弥补了中国邮政 EMS 所无法覆盖的市场需求，为我国经济的高速发展注入了新的活力、新的力量。当时主要的国内快递企业主要有 1993 年在深圳成立的顺丰速运、1993 年在杭州成立的申通快递、1994 年在北京成立的宅急送、1999 年在上海成立的韵达快递、2000 年在上海成立的圆通快递及 2002 年在上海成立的中通快递等。

民营快递产业的构造逐渐形成了三个层次：第一层次是以顺丰速运为代表的直营模式，价格比较高，服务水平也相对较高。第二层次是以"三通一达"为代表的加盟模式，价格水平处于中等。第三层次就是许多区域性的中小快递企业，服务范围比较窄，价格比较低。

顺丰速运的发展是中国民营快递企业发展的一个缩影。20世纪90年代初，中国香港的许多产业转移到珠江三角洲，但是当时珠江三角洲的制造业还不具备直接面向国外市场承接订单进行生产的能力，所以当时就产生了来料加工和进料加工等外贸加工模式。这些生产模式要求珠江三角洲的制造企业将样品生产好邮寄回中国香港确认。此时中国内陆和中国香港之间来往的商业文件、样品等市场非常大。当时以中国邮政EMS的速度，往来中国香港的小件货物大约需要3~4天的时间，众所周知，外贸出口货物每延迟1天就会很大程度影响外贸企业的资金周转。顺丰速运就是顺应了当时市场的需求快速发展起来的。顺丰速运公司可以做到1天将货物从中国内地快递到中国香港，这种高效率的运作模式赢得了当时企业的欢迎，促进了中国国际贸易的发展。图2-2为顺丰速运的快递员在配送货物。

**图2-2 顺丰速运快递员**

（图片来源：顺丰速运官网）

申通快递的发展模式类似于顺丰速运，当时杭州和上海之间的国际贸易相关文件、样品快速增长，而中国邮政EMS需要3~4天的时间，申通快递通过人力背运的方式可以以1天时间完成小件货物的快递，适应了市场的需求发展起来。申通快递的快速扩张也是中国民营企业发展的一个缩影。1993年10月申通快递在杭州成立主营杭州和上海之间的小件货物快递。到1995年11月在上海、宁波及金华等地设立了分支机构，1996年快递网络扩张到南京、苏州等地，1997年开始进军全国市场，在北京、广州、武汉、青岛等地设立分公司。到 2005 年年初，申通快递在全国已经有 600 多个网点。申通快递的快速扩张得益于加盟制的模式，顺丰速运最开始也采用过加盟制的模式，到后来逐渐采取了直营模式。

到 2006 年，FedEx、UPS、DHL 和 TNT 的营业额占中国国际快递业务领域的 80%，中国邮政 EMS 占不到 20% 的市场份额。中国的民营企业基本上占有了全部中国国内的城市间快递业务及同城的快递业务市场份额。2005 年 12 月 1 日，随着快递产业对外资的全面开放，我国涵盖民营、外资及国有的快递企业产业网络逐渐形成。国际快递企业逐渐地扩大对中国内市场的基础设施投入。

面对跨国垄断企业的压力，我国民营快递企业迎难而上，哪里有市场，网络就发展到哪里。以低价格的战略迅速完成了全国网络的扩张，最终成为我国国内快递市场的中坚力量。中国快递市场可以分为三个部分：国际快递市场、国内城市间快递市场和同城快递市场。国际快递产业利润最高，但是对快递企业的资本和技术等要求也最高，国际快递企业，如 FedEx、UPS 和 DHL 都具有卓越的航空和地面运输能力，遍布全世界的中心机场枢纽、先进的物流信息管理系统等企业能力。所以说中国国际快递市场的竞争的集中程度非常高。目前，中国顺丰速运也用了一定规模的航空和地面运力，世界上许多国家的配送网络，先进的物流信息管理系统，逐步参与到更大规模的世界范围的国际快递市场的竞争中。中国国内城市间的快递业务主要依赖中国邮政 EMS、中国民航快递和中铁快运的其他国有运输企业，以及顺丰速运和"三通一达"等民营中小型企业。中国同城快递是高度劳动密集型的快递市场领域，它不需要发达的交通工具，也不需要先进的信息管理技术，他更多依赖快递业务员的积极性和灵活性，所以说进入门槛非常低，竞争非常激烈，企业数目非常大，70% ~ 80% 是中国民营快递企业。中国民营企业不断地加强基础设施的建设，引进技术和人才，增强企业自身竞争力，积极应对来自国外和国内市场的竞争和挑战，在国内城市间业务和同城业务领域占有了绝大部分市场，促进了中国经济的持续繁荣增长。

## 2.4 中国邮政体制改革的阶段

在我国邮政体制改革之前，快递产业是不是合法一直困扰着快递产业相关人员。2005年国务院通过了《邮政体制改革方案》，邮政体制正式实现了政企分开。2007年国家邮政局进行了重组，作为国家邮政监管机构，组件中国邮政集团公司，建立了企业独立自主经营、政府依法监管的新的邮政体制。中国邮政体制改革是我国快递发展史上具有里程碑意义的重大事件，为中国快递市场发展营造了公平的监管环境和法制环境，为邮政管理部门公开公平公正的监管快递市场奠定了制度基础。

2009年，修订后的《中华人民共和国邮政法》正式颁布实施，修订后的邮政法首次将快递业务纳入调整范畴，并且明确了快递企业在我国快递市场的法律地位。之后《邮政用品用具监督管理办法》《快递市场管理办法》《快递业务经营许可管理办法》等与快递有关的法律和相关规范性文件相继出台，标志着我国快递产业的法律和相关法规体系基本形成。此后，国家邮政局相继出台《国家邮政局关于贯彻落实物流业调整和振兴规划的实施意见》《国家邮政局中国民用航空局关于促进快递与民航产业协同发展的意见》等法律法规，为中国快递产业发展更进一步铺平了道路。此外，国家邮政局还发布了《中华人民共和国邮政行业标准：快递服务》《国家职业技能标准：快递业务员》等一系列标准，中国快递产业的产业发展环境越来越好。图2-3为新版本的《中华人民共和国邮政法》。

图2-3 《中华人民共和国邮政法》

此后，国家邮政局出台《国家邮政局关于快递企业兼并重组的指导意见》《关于推进"快递向西向下"服务拓展工程的指导意见》《关于促进快递服务与网络零售协同发展的指导意见》《电子商务与快递物流协同发展意见》《关于推进邮政业服务"一带一路"建设的指导意见》等对快递产业发展过程中遇到的问题不断地进行宏观指导和调控。

2017年1月4日，李克强总理在第一次国务院常务会议上指出快递业是中国新经济的代表，快递产业既拉动了消费也促进了生产。随着快递产业不断的网络化和规模化，快递行业的增速也位列中国现代服务业前列，成为中国新经济的代表行业。同年，中国国家邮政局印发了《邮政业应用技术研发指南》，指南中详细地制定了行业技术研发中心认定管理及科技奖励的办法等规定。另外，中国国家邮政局会同国家发展改革委等九部门联合印发了《关于协同推进快递业绿色包装工作的指导意见》，提出推动快递包装绿色化、减量化和可循环利用。

我国邮政体制的改革，以及后来我国民航管理体制的改革，都适时地促进了我国快递产业的发展，并且为我国快递产业与国际快递产业争夺市场是提供了更好的宏观环境和发展空间。

## 2.5 中国快递企业与国际快递企业抢占市场的阶段

国际快递企业在中国的发展模式经历了从合资经营到合作经营，然后再到独资经营三个阶段。DHL于1986年和中国对外贸易运输总公司各出资一半成立合资快递公司，中国外运敦豪。联邦快递于1999年在中国成立合资快递公司。UPS在2001年获得直飞中国的航权。中国民营快递企业也在这一时期出现，完成了原始阶段的发展，逐渐在全国铺设了快递服务网络体系。在此期间，中国邮政EMS、中铁快运和民航快递在全国已经建成了比较完善的快递网络。

2001年，中国加入了WTO以后，国际快递企业纷纷加快在中国的投资，给中国快递产业带来了严峻的挑战。2005 年以后，中国内快递市场的兼并重组案件非常多。2003 年 1 月，UPS 出资 1 亿元从原合作者——中国外运手中买断中国 23 个城市的合作业务。TNT 与中国超马赫国际运输代理企业合作推出特许加盟计划，拓展快递服务网络。2005 年 12 月，TNT 收购了黑龙江华宇集团。与此同时，TNT 与中国远洋运输集团宣布组建一家合资物流公司，TNT 和中国远洋运输集团各持股份 50% 。DHL 加速进入中国国内快件市场。2007 年 1 月，DHL 与中国国内多家航空货运承运商签署合作协议，租用中国国内商业航空公司的舱位拓展中国国内市场。2006 年，FedEx 以 4 亿美元现金收购大田快递，利用大田快递集团的中国国内网络拓展中国国内快递市场。2007 年 3 月，FedEx 又与贵凯航空公司开展货运合作，开始布局广州、杭州、北京、上海等中国主要机场的空中快递网络，并推出"次日达"快递服务。此时的国际快递巨头，通过与中国国内物流或者航空公司大张旗鼓地抢占中国国内市场，给中国本土企业的发展带来了更大的挑战。

FedEx 在中国业务的扩展是国际快递企业在中国国际和国内抢占市场的一个缩影。20 世纪 80 年代，全球劳动密集型产业开始向发展中国家转移，FedEx 向亚洲市场扩张，FedEx 亚太地区公司应运而生。1984 年，由于当时中国市场对外资的管制，FedEx 选择与中国外运合作进入中国市场。1989 年 FedEx 收购了飞虎航空（Flying Tiger Line），获得其在亚太地区及国家的航线权，为在亚太地区展开快递业务做好了前期准备。1992 年，FedEx 亚太地区分公司总部迁移至中国香港。1995 年，FedEx 购买了中国和美国之间的航线权并开始用专用货机运输中国和美国之间的快件货物。1996 年，FedEx 获得中国民航的批准，成为第一个提供中美之间直航服务的美国航空公司，开始经营中国和美国之间的货运航线。同年，FedEx 选择与中国的大通集团合作，利用大通集团在中国国内的车辆及运输网络开展中国国内快递业务。1999 年 11 月，FedEx 与中国民营企业大田集团成立合资企业。2005 年，FedEx 在广州白云国际机场建立了新的亚太地区转运中心，巩固了其在中国华南地区的优势地位。2006年，FedEx收购了大田集团，利用大田集团在中国各地大中城市的快递产业网络继续拓展中国国内快递市场。2007年，联邦快递开始在北京、上海、广州、深圳等我国一线城市布局Kinko's（金考）便利店。2007年5月，FedEx与中国奥凯航空公司合作，在中国推出"次日达"快递服务，同年，FedEx在中国国内推出如星期六照常运作服务等附加价值服务。另外，针对国际市场，FedEx推出国际优先分送快递服务，一地清关，运往欧盟国家的货物可享受"一地清关"，即中国企业可以从一个国家把一批货物寄出，运送到欧盟任何一个国家的多个收件人，整批货物只需填写一张提单和发票。2009年2月，FedEx开始启用在广州的亚太转运中心，立足华南，服务全中国，辐射东南亚，拓展亚太地区的快递物流业务。到2016年年底，FedEx在中国国内注册的分公司有78家，每周有大约200个货物航班为中国客户提供国际和国内的快递服务。

美国UPS最初也是通过与中国外运合作进入了中国市场。1996年UPS与中国外运成立了合资企业，致力于实现1~2日连接其中国国内大中城市与世界每一个城市的愿景，2001年UPS获得了中国国内的内地直航权。2003年，UPS获得了海南航空公司的全资子公司扬子江快运在中国南方的庞大的物流网络。2007年，UPS与浦东发展银行、深圳发展银行及招商银行合作，推出"UPS全球供应链金融解决方案"，为中国企业提供物流金融服务。2008年12月，UPS上海国际转运中心在上海浦东国际机场投入运营。2012年，UPS在上海建成第一家医疗保健仓储中心，正式进军中国国内冷链物流市场，2013年，UPS第二家医疗保健仓储中心在杭州萧山临江工业园区建成。UPS致力于将物流、信息流、资金流三流合一，不仅做传统的快递服务，而且提供第三方物流服务，以及金融服务、电子商务服务等供应链解决方案服务。UPS从各个方面更好的满足顾客多样化的需求，占领并扩大中国国内国际的物流市场。

国际快递企业促进了中国外向型经济的发展，促进了中国经济高度融入全球化。国外快递企业大力进军中国市场，通过并购中国本土企业搭建快递网络，在国际快递市场占有领先地位的同时，不断试水开拓中国国内快递市场，既给中国快递企业带来了挑战，也为中国本土快递企业转型升级、提高服务水平提供了可以参考的成功案例。国际快递企业和中国民营快递企业发挥各自的优势，推动了中国快递产业的发展和升级。

## 2.6 电商与中国快递产业协同发展的阶段

中国电子商务的发展和中国快递产业的发展都是在 20 世纪 90 年代开始的，几乎是在同一时期，两者紧密结合、相辅相成、相互促进、相互推动实现了共赢发展。电子商务的发展给人们带来了切实的便利，商贸、金融等环节都实现了无纸化，但是如果没有快速确实的快递物流配送环节，电子商务的发展就会受到严重的制约。反之，电子商务对快递产业的需求，极大地刺激了快递产业的快速发展，并对快递产业提出了更高的要求。为了应对电子商务的需求，我国快递产业加快推进配送网络建设，为电子商务企业提供包括仓储配送、代收货款、仓储保管等高附加价值服务，同时邮件追踪信息系统不断完善，网络购物消费者的满意度不断提高。

电商配送"最后一公里"一直是一个难以解决的问题，为此，中国快递企业与便利店、社区综合服务平台、校园管理机构等各种社会资源合作试水建立快递"最后一公里"的服务平台来解决这个难题。其中，菜鸟驿站便是面向社区、校园的第三方末端物流服务平台。菜鸟驿站为终端客户提供包裹存放、取件、寄件等服务，为快递企业一定程度上解决了"最后一公里"的配送难题，同时菜鸟驿站的经营范围不断扩大，为终端消费者提供了各种各样的如买菜、零售等服务，提升了快递末端的递送效率。

图 2-4 菜鸟驿站服务中心

（图片来源：菜鸟驿站官网）

近年来，跨境电商的发展势头迅猛，各国快递企业纷纷在海外市场进行网络布局。2017 年，中国快递企业开始全面布局海外市场，加大投资进入跨境电商国际快递领域。菜鸟无忧直邮的模式是商家国外采购货物，送至菜鸟海外仓后，菜鸟统一打包，以集货方式进境，经海关清单核放，查验放行后配送到消费者手中。

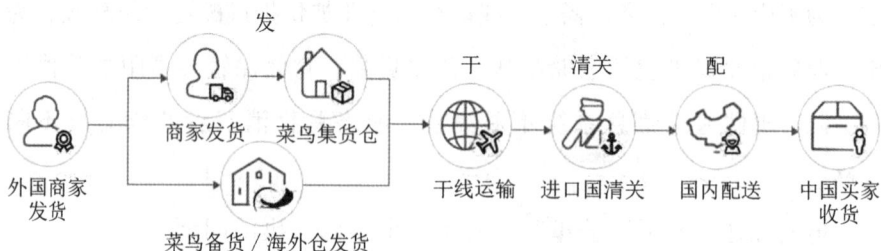

图 2-5 菜鸟无忧直邮的业务流程

在国际快递服务领域，顺丰速运为国内外制造企业、对外贸易企业、跨境电商企业及终端消费者，打造了便利的可信赖的国际快递、国际物流及国际国内供应链解决方案等一系列服务。对于中国国内的客户，顺丰速运伴随着中国优秀企业"走出去"，为中国企业进军海外市场保驾护航。同时顺丰速运也把海外优质商品"引进来"，试水顺丰优选等电商平台经营国外优质产品，满足国内高端消费者的需求。顺丰速运的国际快递服务针对不同的消费者需求提供国际标快、国际特惠、国际小包、国际重货、保税仓储、海外仓储、转运等不同类型及时效标准的进出口服务，并可提供市场准入、运输、清关、派送在内的一体化的进出口解决方案以适应不同行业客户的差异化需求。顺丰国际海外仓，是顺丰国际整合优质的国际运输资源，由专业的服务团队组成，针对发往美国、俄罗斯、东欧、北欧、英国及欧盟国家等跨境电商客户量身打造的"一站式"物流供应链服务。顺丰的海外仓帮助中国卖家实现了海外本土化销售的目标，同时为中国卖家降低了物流运营成本，同时中国的卖家可以通过顺丰的信息系统实时监控库存和订单状态，提高订单响应速度，缩短二程派送时间，提高客户满意度。

顺丰国际电商专递-标准（E-Commerce Express CD，简称EX-CD）是专为各国家/地区跨境电商平台、独立站、平台商家量身定制的进口专线产品。支持个人物品模式和跨境电商专用模式（中国内地进口），同时整合各区域本地清关能力和优势，旨在打造一款全新的阳光清关、时效稳定、全程可跟踪的优质高效进口物流服务。顺丰国际快递的业务覆盖新加坡、韩国、马来西亚、日本、泰国、越南、蒙古国、印尼、印度、柬埔寨、缅甸、文莱、阿联酋、斯里兰卡、孟加拉国、巴基斯坦、菲律宾、美国、加拿大、墨西哥、巴西、澳大利亚、新西兰、俄罗斯、欧盟各国。

图2-6 顺丰航空

（图片来源：顺丰速运官网）

## 2.7 中国快递产业向综合型物流服务企业转型的阶段

20 世纪 90 年代开始到 21 世纪初期，中国快递产业经历了高速发展的时期，市场竞争越来越激烈，利润空间越来越小。2017 年左右，中国快递企业通过收购、重组、上市等方式加快资源整合。顺丰速运等企业开始提供冷链、医药配送、金融等高附加价值服务。2016—2017 年，顺丰、圆通、申通、韵达和百世等快递公司的 IPO（上市融资）先后获得证监会的批准。顺丰将募集资金中主要用于货运飞机等的购置、飞行员的招募、冷运车辆与温控设备采购项目。申通将募集的资金主要投入中转仓配一体化项目、信息一体化平台项目等项目的建设中。韵达将募集的资金主要投向智能仓配一体化转运中心建设项目、转运中心自动化升级项目、快递网络运能提升项目、供应链智能信息化系统建设项目和城市快速配送网络项目。圆通的"圆通云平台"是圆通速递承载智慧物流的平台，通过"圆通云平台"实现万物互联，实现快递的智慧化、智能化发展。百世全力打造供应链服务、货运服务及国际快递业务。

中国快递产业加快跨界融合，从快递运输领域向供应链其他环节扩张，致力于打通上下游、形成产业链、构建生态圈，完成了向提供综合物流服务和供应链解决方案的商业模式创新。顺丰速运、中通、韵达等逐步向综合物流服务提供商转型。德邦等原来的物流企业相继进入快递领域。快递企业纷纷提供仓储配送一体化、代收货款、供应链管理等增值服务。中国的快递产业逐渐发展成为综合型快递物流服务提供商。

**图 2-7 顺丰冷运仓储**

（图片来源：顺丰速运官网）

百世国际的业务扩展到美国、加拿大、英国、德国、法国、西班牙、韩国、日本、泰国、马来西亚、澳大利亚等国家。百世国际的全链条一站式服务包含国内物流、报税仓库、清关通关、国际运输、海外仓储、海外物流服务，甚至包括为客户提供渠道。比如在泰国销量前三的某一汽车配件公司，百世通过其全球资源，将其引进了美国汽配零售市场。

韵达速递根据客户需要定制化物流整体解决方案。通过优化整合海外仓储、中港运输、代理报关、清关、商检、国际快递，以及国际及出口业务体系，韵达速递为客户提供国际进出口与国内快递服务。韵达速递不断延伸服务品牌，全面打造海内外仓储平台和联合仓仓储管理系统，帮助客户快速精准地处理订单、监控物流信息，实现商家发货后专属式的"一单到底"服务。

**图 2-8 韵达国际的仓储服务**

（图片来源：韵达国际官网）

　　京东提出了面向企业及流量平台开放京东快递业务合作，打造开放、合作、共赢的快递业务生态服务平台。为客户提供安全可靠、时效领先、温暖贴心的快递服务体验，同时可享多种专业化的增值服务，同时京东物流还针对家电行业、3C 行业、消费品行业、生鲜行业、家具行业及服饰行业等提供物流解决方案和一体化售后解决方案。

图 2-9　京东物流自动化设备应用提升服饰增值服务

（图片来源：京东官网）

# 第3章

# 美国快递产业发展史

本章首先对美国快递产业的形成和发展做简单介绍。接下来会对美国快递产业的发展做详细的分阶段论述，分别是美国水路快递的时期、美国铁路快递的时期、美国公路快递的时期、美国航空快递的时期、全球供应链时代的美国快递产业、跨境电商时代的美国快递产业。

## 3.1 美国快递产业形成与发展概述

欧美的快递市场可以理解成由 Parcel Delivery（小包裹快递）市场和 Express Delivery（速递）市场两个部分组成。提供 Parcel Delivery 服务最具有代表性的企业是 United Parcel Service of America, Inc.（简称 UPS），提供 Express Delivery（速递）服务最具有代表性的企业是 FedEx Express Co., Ltd.（简称 FedEx）。理解欧美快递产业的形成与发展离不开研究 FedEx 和 UPS 的成长历程。从两家企业的发展历史来看，UPS 最初是一个卡车运输公司，20 世纪 80 年代开始随着航空运输产业的简政放权开始拥有自己的航空运输机，成为目前世界上代表性地提供综合性物流服务的快递企业。FedEx 最初提供的就是航空运输快递服务，并且是美国国内首家提供次日配送的快递企业，随着公司规模的扩大，FedEx 逐步建立起美国国内陆地上的运输网络，成为世界市场上提供 Express（速递）服务的代表性的综合物流服务商。

目前，美国的 Parcel Delivery 市场主要由 UPS（联合包裹）、FedEx（联邦快递）、United States Postal Service（简称 USPS，美国邮政）、Airborne（空中快递）和 DHL（敦煌快递）五家公司构成。美国的 Express Delivery 市场主要由 UPS（联合包裹）、FedEx（联邦快递）、Menlo Worldwide（万络环球），BAX Global（柏灵顿全球）四家企业构成。纵览近几十年美国快递产业的发展史，快递市场竞争日趋白热化，企业并购活动非常活跃。

第二次世界大战后，邮政运输业务促进了货运飞机的商业化。1917年，美国议会试验性地进行邮政运输业务飞行，用飞机运输货物的魅力众所周知，虽然坠机事故时常发生但是也没有停止探索的脚步。在 1921 年出现了一个飞跃，美国邮政进行了横断美国大陆的邮政运输飞行试验，这次飞行取得了成功，从洛杉矶到纽约用了 33 小时 20 分钟，打破了以往的记录。这次飞行为安全地进行美国横断大陆飞行奠定了基础，从此此后美国政府继续投入大量资金进行基础性建设支持美国大陆横断飞行。

这里需要提到的就是美国西部航空。当时美国西部航空提出了"空中的邮政配送，准确！直达！每日！"的口号，并开始了邮政货物运输业务。此后其他航空公司也纷纷进入航空邮递领域，价格竞争日趋激烈。其中，波音公司就是利用低价格抢占市场，最后成为美国近代航空行业的巨人。但是真正的利用货运飞机将速递业务网络发展到全世界的代表性企业还是FedEx 和 UPS。航空快递的发展，是在卡特政权时代针对运输行业进行的简政放权。1977 年 Cargo Reform Act（货运行业改革方案）成立，航空业进入运输行业的限制被废止了，美国航空货物运送事业开始了自由化。美国快递企业开始向航空运输行业进化。

特别需要提出的是，以 FedEx 为代表的 Express Delivery 产业顺应了世界经济发展的浪潮成为时代的宠儿。20 世纪 60 年代，美国经济高速发展，任何时候、任何地点、任何数量、任何质量以任何形式都可以向客户提供的及时生产方式产生了，客户对迅速且可信赖的速递服务的需求越来越高，速递产业应运而生并且飞速发展起来。随后，随着信息技术的发展，物流追踪技术与速递产业相辅相成迅速发展起来。速递产业成为物流产业领域的一匹黑马，到如今，速递产业已经成为物流产业绝对的领头羊。此外，网络购物的发展也极大地促进了速递产业的发展。

20世纪70年代的美国，随着计算机等信息技术的发展，各个领域的企业都进入了快速创新和飞速成长的时代。这个时候的FedEx的创始人，迅速地捕捉到企业对速度的要求这个商机。提出了"次日配送"这一理念，利用飞机来进行运货。FedEx的发展是非常迅速的，在曼菲斯设立了巨大的机场分拣中心，用飞机在夜空中将分拣好的货物运送到不同的目的地。FedEx提出了"绝对的，确切的，次日配送"的口号，并且以绝对的自信完成了这个口号。

随着速递产业的发展，卡车运输行业也开始拥有自己的运输飞机。UPS不断提高自己的公路配送网络的效率性，并且参入了航空速递业务领域。FedEx在巩固自己的航空配送网络优越性的同时，不断完善自己的公路配送网络。几十年，UPS和FedEx利用自己强大的速递网络，开始提供其他具有附加价值的服务。例如，UPS为美国国内及海外的大型企业提供SCM（供应链管理）服务，不断拓展跨境零售业配送、物流和金融等领域的业务。在国际市场上，FedEx和UPS大力拓展货代事业领域，利用自己强大的航空速递网络为客户提供通关服务、库存仓储管理服务及第三方物流服务等附加价值服务。速递产业与货代产业、物流产业的界限越来越暧昧，纷纷向综合型物流服务提供商转型。世界邮政产业的加入使得速递领域的竞争日趋激烈，Canada Post Corp.（加拿大邮政）、Deutsche Post AG（德国邮政）、La Poste（France）（法国邮政）、Japan Post（日本邮政）、TPG Post（Netherlands）（荷兰邮政）、Sweden Post（瑞典邮政）、Consignia plc（U. K.）（英国邮政）都开始提供速递服务。

UPS和FedEx被称为Integrator（物流供应链整合者）的代表性企业。他们通常不仅仅拥有大量的货运飞机和卡车等运输工具，还提供货代服务、第三方物流服务及其他高附加值服务。国际快递指在国际市场上提供的门到门的速递服务。能够提供国际快递服务的企业不一定拥有货运飞机和卡车等运输工具。FedEx 和 UPS 均拥有自己的货运飞机，并提供航空速递服务。它们随着美国物流产业的简政放权，抓住机遇进军航空速递市场，在世界领域内建立起了 hub and spork（枢纽辐射式物流网络）的运输系统，把世界各地收取的货物首先放到具有集聚功能的中心机场，然后进行分拣，之后用飞机运送到目的地机场，进行次日配送。他们纷纷建立起了强大的物流信息网络，可以对货物进行实时的追踪。

DHL 是最早从美国走出的航空速递公司。DHL 的创始人不满意当时的邮政服务，同时意识到许多企业对当时的邮政配送速度不满，成功的参入了邮政业务与航空货物之间的空隙市场，在洛杉矶和夏威夷之间利用飞机运输船运单证。对于货主来说，利用 DHL 能够将船运单据实现快速配送，减少了大额的保管费、仓库费等费用。虽然快递费用贵一些但是总体的费用减少了很多。DHL 的商业模式给货主们提供了附加价值服务，取得了顾客的支持，其服务范围很快扩展到了全世界。1971 年菲律宾，1971 年香港，日本等亚洲国家。1974 年欧洲，1977 年南美，1978 年非洲，中东，1983 年东欧，1986 年中国，发展势头凶猛。

伴随着美国航空领域的简政放权，产生了如 UPS 和 FedEx 这样的 Integrator（物流供应链整合者）。同样，伴随着欧洲邮政民营化的进程，邮政企业并购国际快递企业并逐渐发展成了 Integrator（物流供应链整合者）。具有代表性的就是德国邮政民营化后将 DHL 并购，荷兰邮政将 TNT（天地物流）并购确立了 Integrator（物流供应链整合者）的地位。FedEx 率先在美国国内提供航空快递业务，并且顺利地将航空网络拓展到了国际市场。UPS 凭借其在美国国内市场积累的小包裹快递的资源与知识，购买了飞机之后，顺势将航空快递业务拓展到美国国内和国际市场。UPS 和 FedEx 凭借其各自的优势占据了国际快递市场的绝大部分份额。随着 TNT 被 FedEx 并购，国际快递市场 UPS 和 FedEx 两家独大的垄断竞争格局更加明显。

20 世纪 90 年代，全世界基本上普及了计算机，并且完成了信息系统的建设。在这种情况下，生产企业的竞争力也开始依赖计算机和信息系统的先进性。在这个时代各种物流理论开始被提出并应用到生产过程中。在生产过程中，必要的材料和零部件在必要的时候，按照必要的数量运达，削减库存并且不能断货等对物流系统提出了更高的要求。顺应了这个时代的发展，承担起流通革命的企业就是 FedEx、UPS 和 DHL 物流综合型服务提供商。这些企业自然而然也成为物流产业的具有代表性的成功的实现创新的企业。随着全球化进程的不断加快，企业对航空货物运输需要越来越高，FedEx、UPS、DHL、TNT 等国际物流综合服务提供商变得越来越活跃。

Integrator（物流供应链整合者）利用之前，原来的空运货物都是从机场到机场的。随着取货送货体系，通关手续的改善，货物追踪系统的整备，更加高度的门对门快递服务成为可能。Integrator（物流供应链整合者）利用大型货物飞机运输货物，为了有效利用航空运输空间，借助在速递领域积累的网络优势逐渐进入了一般货物运输的领域。Integrator（物流供应链整合者）利用自己庞大的物流网络来进行运输配送服务。一般情况下，运输公司运货的时候，都要经过代理店。但是 Integrator（物流供应链整合者）将这一道手续由自己的企业来负责，当然运输时间就短了，速度上就取得了压倒性的优势。此外 Integrator（物流供应链整合者）提供门对门的物流服务这一点如今看起来是非常理所应当的事情，当时却是划时代的创新。还有 Integrator（物流供应链整合者）收取的运送费用包含了运输环节的所有费用。那时，航空货物的通关费用和运送费用是分开的，发货人和收货人要处理的环节非常多，最后合计起来才是运输费用，非常难把握。但是 Integrator（物流供应链整合者）收取的国际快递费用是全部的费用，出口国、进口国的国内运输费用，通关费用全部包含在内，付费也是一次性统一付费，非常简单，运输费用非常容易把握。同时货物在哪个环节都可以查询。现在看起来理所应当的服务，在当时的邮政企业确实是需要另外付费的。

Integrator（物流供应链整合者）整合了陆地配送网络和空中运输网络，为全世界的顾客提供门到门的快速准确的服务，不管是在商业快递领域还是个人快递领域都受到了客户的支持。在汽车、计算机、通信设备、精密仪器及各种电子产品等高端制造领域，已经完成了全球化、多国籍化的扩张，因此需要在世界各国各地区进行无国界的交叉生产零部件并且完成组装成品，同时需要削减在库成本，保证交货时间，因此对少批量多频率的高度物流管理能力要求越来越高。在这种背景下第三方物流和供应链管理解决方案等商业模式就诞生了。Integrator（物流供应链整合者）的国际快递服务就是以单体比较小的货物为对象提供门到门的服务，这对于分布在世界的生产据点来说，是具有战略层面的意义的。特别是对于高科技关联产品等生命周期比较短的生产，零部件产品的在库削减尤为重要，因此国际快递所能提供的即时配送是非常必要的，自然而然 Integrator（物流供应链整合者）的发展速度是非常惊人的。此外，最常利用国际快递的是企业法人。但是到了圣诞节等节假日，个人快递货物就会激增。向海外的朋友送圣诞节礼物等，国际快递比较容易操作，而且 Integrator（物流供应链整合者）的国际快速服务能够准确地按时送到，所以说国际快递受到了个人利用者的喜爱和欢迎。

Integrator（物流供应链整合者）拥有非常完备的物流网络，在规模和速度上对竞争对手造成了威胁。另外 Integrator（物流供应链整合者）提供门到门的快速准确的一体化的服务，并且拥有货物追踪信息网络系统，因此对国际航空市场的货代企业造成了地位上的威胁。Integrator（物流供应链整合者）面对的最大的问题是成本问题。由于 Integrator（物流供应链整合者）是针对高附加值的小件商品为对象提供快速迅速的世界范围内的运输服务，因此其庞大的世界网络系统是以高成本为前提设计起来的。物流网络铺设的越广，配送速度和效率越高，成本就越高。如果说，当时美国和欧洲经济的高速增长促进了 Integrator（物流供应链整合者）的高速成长和迅速扩张，那么目前世界经济的成长开始钝化，Integrator（物流供应链整合者）就不得不面对这个高成本的问题。经过了 Integrator（物流供应链整合者）的兼并重组，目前只剩下 3 家 Integrator（物流供应链整合者）企业。分析欧美的国内快递市场和国际快递市场的形成和发展，很大程度上是要分析 Integrator（物流供应链整合者）的形成和发展。

美国快递产业的发展史可以分为五个阶段，分别为铁路快递的时期、公路快递的时期、航空快递的时期、国际快递的时期及物流供应链解决方案的时期。

## 3.2 美国水路快递的时期

19 世纪上半叶，美国工业革命之后，社会经济高速发展，快递产业响应商业社会的需求应运而生。1839 年，美国第一家快递公司 First Express（第一快递）诞生了。快递员乘坐火车或客船进行点对点的配送业务，营运范围主要集中在纽约和波士顿地区。由于快递行业的进入壁垒低，这一时期诞生了数量众多的快递企业。

1848 年是美国加利福尼亚州淘金热的时期，由此带来的美国东西海岸之间的快递需求量快速增长，但是在这一期间美国并没有形成全国性的运输网络。1848—1858 年，美国的绝大多数的货物递送还需要依靠海运运输。从美国东部发往美国西部的小包裹和信件等货物，需首先由蒸汽船经由墨西哥湾运到巴拿马，在巴拿马转运后以陆路运输的方式运至巴拿马地峡，然后将货物在巴拿马地峡装船运往加利福尼亚州。这种运输方式需要花费很长的时间，运输成本非常高，同时风险也非常大。1858 年，美国国会批准建立第一条真正意义上的横贯大陆的邮路，全程设多个中转站点，小包裹或信件通过驴、马、车在各站点间接力，将漫长的海运递送时间大大压缩，能在 24 天内将小包裹或信件自圣路易斯送达旧金山。

# 3.3 美国铁路快递的时期

铁路是第一次工业革命的象征之一，英国人史蒂芬森于1825年开始建筑世界上第一条铁路，紧接着当时的世界各经济强国纷纷加入了铁路网络的铺设和建设中，美国人紧随英国人的步伐，在1828年就开始动工修建铁路，1830年建成了全美第一个长达21公里的巴尔的摩—俄亥俄铁路。1830—1916是美国铁路发展的黄金期，在第一条美国铁路建成后，美国政府抓住了时代的机遇，采取了赠送土地、减免税赋等优惠政策鼓励铁路产业的发展，在政府的鼓励下，美国铁路公司数量呈现爆发性的增长，形成了铁路建设的高潮。1910年，铁路公司数量达到1300个。到1916年，美国铁路里程达到历史最高，40.6万公里。铁路行业融入了每一位美国市民的生活中，提供了98%的客运，75%的货运，其铁路员工占全国各行业总员工人数的4%，达到了黄金期最高峰。在美国铁路产业发展的黄金期，对货运行业的垄断阻碍了美国公路和航空运输行业的发展（谭克虎，2008）。

在此背景下，随着美国国内铁路网络等基础设施的快速建设，美国的城市间快递市场产生并发展起来。第一次世界大战之前，在美国依靠铁路网络展开快递业务的企业主要有 American Express（美国运通）、Wells Fargo（富国快递）、Adams Express（亚当斯快递）及 United States Express（美利坚快递）四家企业。当时，据统计美国通运拥有3.9万英里铁路网络的快递运营线路。1913年，美国邮政也开始了小包裹快递业务，但是并没有对铁路快递构成太大的威胁。铁路快递仍然是市场主流。

第一次世界大战期间，随着美国铁路的经营权由民间转归国有，美国铁路管理局接受了 American Express（美国运通）、Wells Fargo（富国快递）、Adams Express（亚当斯快递）及 United States Express（美利坚快递）四家企业，之后成立了国营铁路快递公司 American Railway Express Agency

（美国捷运公司）。

1917 年之后，美国铁路发展的黄金期带来的过度膨胀出现了各种问题，如早期私人投资集中、铁路数量过多、分散建设、无序竞争、过度追求高额利润的现象。美国政府意识到这些问题之后，1920 年开始实施各种各样的政策对铁路运输产业进行干预，如在除了铁路面临危机或关系公共利益事件外，政府不再给予铁路财政补贴。铁路运输价格由美国政府统一制定，私营铁路公司不能私自决定运费价格，以及给予客户运价补贴等。美国铁路运输行业在与公路货运和航空货运的竞争中开始节节败退，市场占有量迅速萎缩。1966 年美国货运量比 1916 年增长了一倍，但铁路的货运却下降到 43%，美国邮政当局为了提高效率，将大部分邮件改由公路运输，铁路运输行业再次遭受重大打击，纷纷处于破产或破产边缘。1975年，以铁路快递为主营业务的 American Railway Express（美国捷运公司）申请破产，铁路快递的时代告一段落。

铁路行业的萧条引起了美国政府的关注，1970 年美国国会通过法案，提供 21 亿美元的贷款，对已破产或即将破产的铁路公司改组重建。1976年通过了铁路复兴及管理改革法，但实施后效果不明显，1980 年通过了著名的《斯塔格斯铁路法》（Staggers Act），取消了以前很多对铁路的管制措施，以法规的形式肯定合同运价方式，允许经营者通过签订合同进入运输市场，允许铁路企业出售和废弃既有铁路路线。这些政策干预成效显著，铁路产业开始不断增加对线路基础设备和运输设备的更新改造投资，线路质量明显好转，运输效率和铁路运量也随之上升，以货运为主的美国铁路逐渐得到恢复（谭克虎，2008）。

随着美国政府对公路运输行业和航空运输行业的松绑，以及世界各国邮政民营化的历史浪潮，美国的快递产业逐渐由铁路时代转变成为公路时代。在这个时期，乘势而上至今仍在国际快递产业界发挥龙头作用的公司就是 UPS（联合包裹）。

# 3.4 美国公路快递的时期

第二次世界大战后，美国政府将战争时积累的经验和物资运用到民生领域。在全美境内铺设公路网。在这个时期，美国汽车行业呈现爆发式增长，促进了依赖公路网络的卡车快递产业的快速成长。1956 年，美国建立起全国性的州际公路网络，公路运输随即登上历史舞台，以其机动灵活，适应性强的特点迅速取代铁路运输，成为当时最先进的运力。铁路快递受到了来自依赖公路网络的卡车快递行业的冲击。

在这一时期，UPS 业务加速扩张，到 1957 年，其服务覆盖了以芝加哥为中心，半径 150 英里内五个州的地区。UPS 决定通过获取在所有客户（包括私人客户与商业客户）之间递送包裹的"公共承运人"权利来扩展 UPS 服务。这个决定使 UPS 直接与美国邮政服务竞争，而且直接与州际商业委员会（ICC）的规章对立。经过长达三十年的法律斗争，100 次以上的申请，UPS 终于跨越制度障碍，成为第一个在美国相邻 48 个州内每个地址提供服务的包裹递送公司。这就是美国快递产业史上著名的"黄金链接"（韩大伟，2012）。到目前为止，UPS 在美国国内的陆路运输网络中，仍然是当仁不让的领军者。

从严格管制（1935—1979 年）到放松管制（1980 年—21 世纪初）再到全面整合时期（21 世纪初至今），美国公路快递产业也逐渐地从零担专线点对点直达的模式演变到今天的 hub and spork（枢纽辐射式物流网络）模式。美国公路货运业监管要求、政治经济环境及公路货运需求的变化，推动美国公路快递产业的发展与变迁。

1935—1979 年，美国政府对公路运输行业进行了严格的政策管控。1929—1933 年，美国经济大萧条，美国的制造业生产模式逐渐由大量生产、大量消费向小批量多批次的生产模式转变。同时，这一时期小批量多批次的货物运输需求促使快递产业由铁路运输向公路运输转型。卡车运输业参入成本低，对从业人员要求不高，当时美国的下岗工人纷纷向这个行业涌入，行业竞争非常激烈，呈现无序竞争的局面，行业管控混乱。当时，为了应对经济大萧条对美国经济的影响，罗斯福实施《国家工业复兴法》，加强对工业生产的控制与调节，防止生产过剩。在这一背景下，美国对道路运输业实行严格管控。

1935 年以前，美国政府对卡车运输业管制很少，主要是运输安全方面。1935 年通过的汽车承运人法案（MCA）把汽车运输置于州际商务委员会（ICC）的管制之下，开始了管制时期。第二次世界大战后，美国的运输需求逐渐从原来的大宗商品转向附加值更高的制造业和消费品。卡车运输产业能够提供较铁路运输产业更为准时、更加可靠的门对门的运输服务，同时卡车运输产业更适应小批量的货物运输需求，从而促进了卡车快递产业的发展。但是在汽车承运人法案的严格管控下，卡车快递产业的网络无法顺利扩张，同时严格的管控使得新进入的竞争者的参入壁垒提高，一定程度上使原有的公路快递产业保证了利润，完成了原始积累。公路快递企业在管制下被迫只能在单一线路或部分区域线路上拓展自身运营线路与地域范围，逐步在附近州及城市形成区域快递网络。在这一时期，企业在线路拓展和区域网形成的过程中逐步建立起网络化服务的理念，为以后管制放松、全国网络发展奠定了基础。

20 世纪 80 年代以后，随着美国经济结构的持续调整，服务业占美国国民经济总产值的比重越来越高。随着美国的去工业化，低端制造业逐渐向第三世界国家转移，美国制造业的重点转向信息技术、生物医药为代表的高新技术产业。美国经济界开始要求物流产业界以更低的成本提供运输服务以提高美国产业的国内和国际竞争力。1980 年，美国国会通过了《汽车运输法案修正案》（The Motor Carrier Act），修正案松绑了对州际卡车运输产业的严格管控，开始允许卡车运输业的价格竞争。但是该法案没有放开对州内的卡车运输行业价格的管控，以至于形成了美国州际和州内卡车运输成本的不断增大的差距。到 1994 年，美国还有不少州仍旧保持着对州内卡车运输成本的管制，在相同的运输里程上，州内的货运价格平均比州际货运高40%左右。直到1995年，美国政府制定了《州际商务委员会终止法案》，州内卡车运输的经济管制政策随之被取消。

美国政府针对卡车运输产业的简政放权推动了公路运输成本的降低和效率的提高，此后公路快递产业不断推出新业务，不断扩大公路运输网络，并且想着规模化、集约化的方向发展。同时，伴随着美国政府的简政放权，公路快递产业的行业竞争日趋激烈，小型公路运输企业不断在竞争中败下阵来，大型公路运输企业通过兼并、重组打造规模和范围经济，不断扩张运输网络，大型公路快递企业寡占局面逐步形成。美国政府一方面不断放松对公路货运行业管制，另一方面为了打造现代物流体系，美国政府不断通过制度的创新，鼓励和引导货运物流资源的集约整合。

**图3-1　老式UPS（联合包裹）递送卡车和速递员**

（图片来源：UPS主页）

21世纪以来，在去工业化的大趋势下，美国传统的制造业加速向海外转移，以信息、科技、生物医药等为代表的高新技术产业加速发展。因此，美国快递产业运输的品类逐渐变得高附加值和轻薄短小化，同时对快递产业的运输时效和增值服务的需求不断提高。美国航空快递产业应运而生并且成为时代的宠儿，成就了FedEx和UPS这样的世界规模的物流综合服务提供商。

## 3.5　美国航空快递的时期

1903年12月17日，莱特兄弟试飞成功了"世界上第一架飞机"。

1914 年第一次世界大战爆发后，由于飞机制造商集中于军事用途，商业用途的航空发展被迫停止了。在第一次世界大战结束前，战斗机和轰炸机的发展取得了相当大的进步，到了第一次世界大战结束时，战斗机和轰炸机的产量已经超过了所有的预期。到 1917 年，有一些飞机已经被用于武装部队的邮件服务。从 1917 年 5 月 22 日开始，意大利从都灵到罗马的邮件服务，持续了一周的时间，此外从意大利本土到西西里岛撒丁岛，以及跨越亚得里亚海到阿尔巴尼亚的水路飞行，也是在这个想法的基础上进行的。在这一年的晚些时候，德国人定期在柏林和科隆之间飞行邮件，法国人定期在巴黎和圣纳泽尔之间飞行，英国人则在西线飞行。

美国邮政局于 1918 年 5 月开始在华盛顿和纽约之间提供航空邮件服务。起初发生了各种意外，但是却为美国全国航空邮件网络的形成奠定了基础，这也是 20 世纪 20 年代美国航空系统承包邮政快件的蓝图。1921 年出现了一个飞跃，美国邮政局做了一个试验，横断美国东西大陆进行了一次邮政速递飞行，这次飞行从洛杉矶到纽约为航线，用时 33 小时 20 分钟，打破了在此之前的记录，也为美国大陆飞行奠定了比较安全、比较确切的基础，此后美国政府投入大量资金进行空中航线基础建设，横跨美国东西大陆的快递空中航线逐渐发展起来。

**图 3 - 2　20 世纪 20 年代美国邮政局的航空邮件**

（图片来源：USPS 主页）

在此需要一提的就是美国西部航空公司。在这个时候，美国西部航空提出了"空中的邮政配送，确实！直达！每日！"的口号，开始提供邮政快件空中运送服务。此后，美国其他的公司也纷纷进入航空领域，价格竞争日趋激烈。波音公司就是利用低价格战略飞速的抢占市场，最后发展成为世界范围内众所周知的航空领域的巨人。

1925 年 4 月，福特汽车公司在底特律和芝加哥之间启动了实验性空运服务。同年 8 月，福特收购了"司陶特金属飞机制造公司"。第二年，福特三架飞机实现了首飞。这种新型飞机结实耐用，非常稳定，而更重要的是，它极其可靠。机身结构以独特的金属波纹铝材料制造，飞机有三台发动机。如果一台发动机发生故障，飞机仍然有两台发动机继续工作，福特这款飞机一经问世备受航空业界的欢迎和信赖。此后，航空飞机网络逐渐成为铁路运输网络的补充（马遥，2019）。

1930 年胡安·特里普成功获得纽约和波士顿之间的邮件运输许可证，并创办了泛美航空公司（Pan American World Airways）。泛美航空是美国第一家应用无线电和导航通信提供航空服务的航空运输公司。当时，泛美航空公司与世界上 27 个国家签订了运输协议，运输网络非常广。同时，泛美航空公司在美洲大陆拥有当时全球最大的私人无线电通信网，这为后来泛美航空公司开拓中美洲、加勒比海地区、南美洲的国际航线奠定了基础。1932—1934 年，泛美航空公司承包了几乎全美境内所有的航空运输合同。1935 年，泛美航空公司取得了由旧金山飞往中国广东的邮件运送合约。泛美航空公司为航空业带来了很多革新，成为 20 世纪的文化象征。泛美航空公司于 1991 年倒闭。

1965 年，FedEx 的创始人史密斯在耶鲁大学的毕业论文中提出了 hub & spork（枢纽辐射式）物流运输系统的构想，这个构想已经非常接近于现在 FedEx 的物流运输网络模型。史密斯认为当时适用于旅客运输的运输网络系统并不适用于运输货物，因为货物数量的增加无法带来运输成本的下降，所以货物运输网络必须要不同于旅客运输网络，需要进行特别的设计。史密斯在论文中写道，针对需要优先处理的货物，如药品、计算机零部件、电子设备等配送时间决定胜负的高附加值小批量货物，需要提供高品质的物流运输服务，这个物流服务领域的市场非常大。在夜间利用飞机进行货物运输配送，首先把全国的货物集中到中央分拣中心，然后在短时间内按照目的地进行分类，再用飞机运到各自货物目的地。为此需要配备收集货物的卡车、人才，从收集货物开始到配送能提供一条龙服务的快递公司是非常必要的。

史密斯出生于 1944 年 8 月，15 岁拿到了飞行驾驶许可证，祖父是蒸汽船的船长，父亲经营过美国州与州之间的路线公司，史密斯家族一直从事于交通运输业相关的行业。史密斯毕业于耶鲁大学，参加过海军和越南战争。在孟菲斯和耶鲁大学主要接触的是有钱的特权阶层，在越南战争中接触到了下层士兵、越南的农民，并且获得了部下的支持，为他以后创立 FedEx，理解一般从业人员奠定了基础，同时越南战争中的各种苦难经历，给了他日后几次把 FedEx 从破产边缘线拖出来走向辉煌的勇气。1969 年 8 月，史密斯开始运用父亲的遗产不断地购入飞机，在竞争激烈的运输领域，史密斯发挥了杰出的才能。为 FedEx 的发展，一步一步做了扎实的准备。

进入 20 世纪 70 年代，美国的经济和社会领域持续发生重大变革。首先，两次石油危机对美国经济产生了深刻的影响。能源价格的高涨造成了通货膨胀，通货膨胀给美国企业的经营带来了许许多多的困难。此时的美国企业开始考虑改善一直以来的高成本的美国物流系统。其次，石油危机一起的原油价格上涨使得美国的卡车运输成本大幅提高，利用卡车运输的物流企业成本大幅上升也迫使企业不得不研究如何降低物流费用。此外物价上涨使得制造企业产品积压，也促使美国企业不得不研究如何降低库存费用。因此，70 年代的美国企业开始全面地从大量生产、大量消费时代的物流系统转型成小批量生产、小批量消费的现代物流系统。同时，20 世纪 70 年代随着计算机等信息技术的发展，美国各个商业领域的事业都进入了飞速的革新和成长时代，也促进了美国物流系统向现代化转型。

这个时候的史密斯迅速地捕捉到企业对速度的要求这个商机，于 1973

年成立 FedEx 公司，提出"次日配送"这一理念，提供门到门的航空快递一条龙服务。在严格的航空管制下，FedEx 只能用小型飞机进行运输，运力非常有限而且成本非常高，根本无法与当时的航空客运飞机进行竞争。这个时候的美国企业为了适应外部经济社会的变化，一方面努力改善自身的物流系统，另一方面开始督促政府修改带来高物流成本的管控政策。在以 FedEx 为首的公司的不懈努力下，1978 年 10 月，《美国民航放松管制法》颁布，进一步加速快递业，尤其是陆运和空运复合式物流快递企业的发展。美国政府对航空领域的简政放权使美国航空领域发生了翻天覆地的变化。对于 FedEx 来说，放开航空管制之后，开始将小型货运机换成大型飞机，通过细分市场占领了更多的航空货物运输领域。到 20 世纪 80 年代初期，维持了每年 40% 以上的增长速度，FedEx 迅速建立起了全世界范围内的航空快递配送网络，开启了快递的航空时代。在以 FedEx 为代表的航空快递企业的共同推动下，80 年代美国政府出台了一系列鼓励航空领域自由竞争的政策，进一步推动了航空快递产业的发展。

此外，20 世纪 70 年代初，随着欧美市场经济的高速发展，邮政改革呼声高涨。1970 年，美国总统尼克松签署《邮政重组法》，将邮政部改组为公司形式的政府代理——美国邮政服务公司（USPS），国会不再保留规定邮件资费的权力。这次改革是在政策上对邮政系统的第一次大松绑。1979 年，美国邮政中止了对特别紧急信件的专营权，打破了快递属于邮政专营范围的局面。在同一时期，另外一家公司 DHL 也开始了同样的业务。DHL 的创始人捕捉到了邮政业务与航空货物之间的空隙市场，开始在洛杉矶和夏威夷之间利用飞机运输一些船运单证。

20 世纪 80 年代，世界经济开始了全球化的进程，物流在企业经营战略中的地位越来越得到重视。70 年代初物流概念及物流的重要性仅被一小部分企业所认识，到了 80 年代，已被大多数企业所接受。其象征是对物流的理解从 Physical Distribution 向 Logistics 的转化。Physical Distribution 侧重于对运输、保管、配送、包装、库存管理等个别功能的分别管理。Logistics

出现改变了这一认识。Logistics 原本是军事用语，后逐渐被经济界所使用，是指企业从原材料的采购到产品的销售整个过程的效率化，而不是个别功能的效率。

由于这个时代，美国企业的重要课题是削减库存，所以 80 年代很多美国企业开始引入日本丰田汽车的 JIT（即时）管理方式。JIT 是在多品种、小批量生产领域的一种存货管理的零售库存方式，通过准时的衔接，不再以库存作为生产过程的保障，而是以即时供应作为保障，这样就降低了企业库存压力，提高了利润。JIT 管理方式最大限度地降低了企业的库存，但是其要求任何地点、任何时间以任何方式能够调度到零部件的管理理念给物流配送行业带来了新的挑战，对物流运输服务的准确性和及时性要求极高。

在这一背景下，航空快递企业的大量出现并快速扩张，由于企业大量采用 JIT 的生产方式，次日送达的要求逐渐增多，给航空快件运输的发展带来了巨大的商机。在这一时期，FedEx 为了扩大势力收购了 Flying Tiger 公司，一跃成为美国航空业界的最大企业。与此同时，卡车运输业者也积极地加入航空快递业的竞争行列。UPS 在 20 世纪 80 年代成立了航空运输子公司，成为仅次于 FedEx 的第二大航空快递公司。还有一些航空货代企业也开始通过购买运输机进入这一领域（徐君，2021）。

图 3-3  孟菲斯机场的 FedEx 的航空货运枢纽

（图片来源：FedEx 公司主页）

1986 年，美国邮政废止了其对国际邮件的专营权，快递服务企业开始获得经营国际快递业务的权利，此后美国民营快递企业开始快速成长和扩张，并最终产生了 FedEx 和 UPS 这样的世界型快递企业。此外，美国在对国内航空产业进行简政放权后，将目光转移到国际市场，开始与其他国家展开双边协定的修改谈判，最先响应的是欧洲一些国家。1978 年 3 月，美国与荷兰率先达成了协议，双方同意在两国国内开放更多的国际航空通关口岸，并且解除两国政府对航空机型、频次和关税等各方面的管制。到 1980 年，美国先后与比利时、德国、新加坡、泰国、韩国及菲律宾等国家签订了类似的协议。

## 3.6　全球供应链时代的美国快递产业

20 世纪 90 年代，虽然各个大型快递速运巨头企业的核心业务仍然是包裹运输配送，但开始逐步向集物流、信息流和资金流于一体的综合物流服务提供商转型，并通过战略性的并购与收购向多元化的业务领域进军。

UPS 于 1999 年在纽交所上市，并借助资本市场的力量开始进行战略性收购活动，在随后的五年时间里收购了 40 余家公司，包括公路货运、航空货运、零售发运和商业服务、海关报关及金融和国际贸易服务的行业领军者，业务范围迅速扩展开来。与此同时，海外并购推动快递巨头的国际化拓展，欧美快递巨头企业将业务延伸到了世界的各个角落，特别是中国、印度等新兴市场（韩大伟，2012）。

欧美的快递巨头依靠丰富的运输经验，强大的物流网络和先进的物流管理信息系统，可以根据不同客户的需求提供相应的供应链解决方案。例如，UPS 针对 BtoB（企业对企业）和 BtoC（企业对客户）等商业货物市场进行的供应链解决方案非常成功，市场定位非常准确。其中，针对零部件仓库供应链服务等从事高附加值商品的企业带来了非常好的收益。此外，UPS 助力企业的积极开拓国际市场。2015 年，UPS 实现供应链与货运服务收入 94.7 亿美元，占收入比重为 16.2%。2015 年 8 月，FedEx 在中国大陆推出"一站式"冷链解决方案，满足中国医疗保健行业客户对于温度控制和限时运输要求。此外，国际快递企业的增值服务还包括进出口咨询服务、指定清关代理人服务等。

图 3-4　UPS 的自动化分拣和配送设施

(图片来源：UPS 公司主页)

再次需要介绍一下 20 世纪 90 年代的时代背景。进入 90 年代，美国企业的物流系统更加系统化、整合化，物流概念从 logistics（物流）向 Supply Chain Management（简称 SCM，供应链管理）转化。logistics（物流）和 Supply Chain Management（供应链管理）区别在于，物流强调的是单一企业内部的各物流环节的整合。而供应链并不仅是一个企业物流的整合，它所追求的是商品流通过程中所有链条企业的物流整合。具体是指商品到达消费者手中，中间要包括零售商、批发商、制造商、原材料零件的供应商等，而物流则处于流动的整个环节中。为了能够以低成本、快速地提供商品，仅考虑单一企业内部的物流整合是远远达不到目的的，必须对链条的所有企业的物流进行统一管理、整合才能实现上述目标，这就是供应链管理的基本概念。

具体来说，供应链管理有以下几个特征：在供应链上，两个以上企业结成长期的战略同盟，并对相互之间的物流进行整合和同步管理。在这种关系中也包括卡车运输公司和第三方物流公司。供应链中的各个企业已经不是传统交易中的竞争对手，形成了长期互惠互利的共生关系。供应链中的各个企业共同拥有需求信息、销售信息、库存信息、出货信息等，EDI等信息技术成为系统的关键（邬跃，2001）。

另外，20世纪90年代，美国出现了新的物流服务业态——第三方物流服务。由于货主企业多样化的物流需求，美国新兴的物流市场在20世纪90年代前半急速地扩大，精益物流（Lean logistics）的概念开始普及。精益物流（Lean logistics）起源于精益制造（Lean Manufacturing）的概念。产生于日本丰田汽车公司在20世纪70年代所独创的"丰田生产系统"，精益思想是指运用多种现代管理方法和手段，以社会需求为依据，以充分发挥人的作用为根本，有效配置和合理使用企业资源，最大限度地为企业谋求经济效益的一种新型的经营管理理念。精益物流则是精益思想在物流管理中的应用，是要通过消除生产和供应过程中的非增值的浪费，以减少备货时间，提高客户满意度。精益制造的概念给物流及供应链管理提供了一种新的思维方式。首先要以客户需求为中心，要从客户的立场，而不是仅从企业的立场或一个功能系统的立场，来确定什么创造价值，什么不创造价值。对价值链中的产品设计、制造和订货等的每一个环节进行分析，找出不能提供增值的浪费所在，制定创造价值流的行动方案。其次要及时创造仅由顾客驱动的价值，一旦发现有造成浪费的环节就及时消除，努力追求完美（沈吉仁，2006）。

精益物流系统中，顾客需求是驱动生产的源动力，是价值流的出发点。价值流的流动要靠下游顾客来拉动，而不是依靠上游的推动，当顾客没有发出需求指令时，上游的任何部分不提供服务，而当顾客需求指令发出后，则快速提供服务。系统的生产是通过顾客需求拉动的。精益物流系统中，电子化的信息流保证了信息流动的迅速、准确无误，还可有效减少冗余信息传递，减少作业环节，消除操作延迟，这使得物流服务准时、准确、快速，具备高质量的特性。货品在流通中能够顺畅、有节奏地流动是物流系统的目标。而保证货品的顺畅流动最关键的是准时。准时的概念包括物品在流动中的各个环节按计划准时完成，包括交货、运输、中转、分拣、配送等各个环节。精益物流系统的快速包括两方面含义：第一是物流系统对客户需求反应速度；第二是货品在流通过程中的速度。精益物流系统通过合理配置基本资源，以需定产，充分合理地运用优势和实力；通过电子化的信息流，进行快速反应、准时化生产，从而消除如设施设备空耗、人员冗余、操作延迟和资源等浪费，保证其物流服务的低成本。精益系统是由资源、信息流和能够使企业实现"精益"效益的决策规则组成的系统（邬跃，2001）。

在全球化、供应链管理及精益物流等背景下，传统的物流运作方式已不适应全球化、知识化的物流业市场竞争，大型快递企业纷纷建立起物流信息技术网络，并不断改进传统业务项目，寻找传统物流产业与新经济的结合点，提供增值物流服务。

## 3.7 跨境电商时代的美国快递产业

近年来，跨境电商货物量呈现爆发式增长，给国际快递企业带来了新的挑战。跨境电商已经将美国劳动节等培育成电商促销季节，在这段时期，会出现短时间内快递货量激增的现象。此外，黑色星期五和圣诞节期间的货物激增也对美国快递企业提出了更高的要求。这要求美国快递企业进行机队管理时对航班要有更多的准备。目前，美国电商订单的95%以上由 FedEx、UPS 和美国邮政三家来负责运送，其需要不断强化下单后的接获能力和发货后的配送能力来增强运力。

例如，2017 年，FedEx 投资了 16 亿美元在全美境内增建了三个大的自动化分拣枢纽和 19 个自动化分拣站来强化分拣能力。此外，FedEx 在现有的中国广州亚太区转运中心的基础上，在上海投资了 1 亿美元建设国际快件货运中心。

跨境电商的一个非常大的问题是退货问题，逆向物流。美国的一些电商的退货率高达30%，对快递物流提出了非常高的要求。为了解决这个问题，

FedEx 在 2017 年用 14 亿美元收购了一家处理电商退换货的专业公司 GENCO。

近年来，由于许多中小型企业寻求跨境发展，其对国际物流企业的依赖程度极高，联邦快递加紧布局争夺跨境电商物流快递市场的份额，2014 年用四千多万美元收购了 Bongo International，并重新命名为 FedEx Cross-Border（联邦跨境），其业务主要是向进行国际采购的商家提供全程报关和配送服务，目前已经开始向中国和日本市场拓展。DHL 和 UPS 也在 2014 年收购了针对跨境电商提供服务的公司，中国顺丰等近年来也都在加紧布局跨境电商国际物流网络。

2016 年 5 月 25 日，FedEx 正式宣布以 48 亿美元完成收购总部位于荷兰的 TNT 快递。这是世界快递产业史上最大一笔的并购，全球快递产业格局由四大巨头变为 FedEx、UPS、DHL 三足鼎立的局面，借助 TNT 在欧洲强大的地面网络，FedEx 将这些网络于其在各大洲之间的空运网络优势结合起来，运营规模优势进一步提升。这也是 FedEx 在布局全球跨境电商物流网络中的重大举措。

**图 3－5　FedEx 收购 TNT**

（图片来源：FedEx 公司主页）

国际快递巨头纷纷看好中国市场，FedEx 把亚太转运中心设在了广州，UPS 把亚太转运中心设在了深圳，DHL 把北亚枢纽转运中心设在了上海。FedEx 在上海浦东国际机场投入建设的上海国际快件和货运中心，也成为联邦快递在亚太区的重要设施之一，实现了上海与北美、南美、亚洲之间实现国际快件、包裹的直接运送。

# 第4章

# 日本快递产业发展史

本章首先对中日快递产业做简单的比较研究。接下来分阶段对日本快递产业的发展史做详细的论述，分别为日本飞脚快递的时代、日本邮政快递和铁路快递的时代、日本个人快递的时代、日本商业快递的时代、日本国际快递的时代、日本快递产业供应链解决方案构想。

## 4.1  中日快递产业比较研究

中国的快递企业分为两种形式。一是以顺丰速运和中国邮政 EMS 为代表的直营模式。

二是以申通、圆通、中通及韵达等为代表的加盟模式。中国邮政 EMS，自 2007 年邮政系统实行政企分开，分业经营后，加快了市场化与改革创新的步伐，经营额逐年增加。民营快递企业中顺丰速运的发展分外抢眼，2010 年月初，完成了由深圳飞往杭州的首航，成为国内第一家拥有飞机和飞机许可的快递企业，并在 2010 年 4 月 1 日全面开通新加坡与中国大陆、中国香港、中国澳门及韩国之间的互寄服务。网络购物的快递的 80% 集中在"三通一达"（黄景贤，2013）。

根据日本国土交通省的调查，2015 年日本公路快递运输的快件占到 99%，在所有的快件中，雅玛多运输株式会社、佐川急便株式会社和日本邮政株式会社的"邮政小包"呈现出三国鼎立的寡头垄断竞争格局。日本快递业务主要集中在雅玛多运输、佐川急便、日本邮政集团三大快递公司，2015 年日本快递业务量为 36.87 亿件，这三家公司的市场占有率达到了 92.5% 。排在第一位的是雅玛多运输，占 45.4% 的市场份额；佐川急便位列第二，市场份额为 33.5% ；日本邮政的邮包业务合并了日本通运的"鹈鹕便"业务后排在第三，市场份额为 13.6% 。从市场占有率情况来看，日本快递市场具有典型的寡头垄断市场特征。在此竞争格局下，日本各快递公司除提供标准的快递服务外，会根据客户需求提供高质量的、差异化的服务产品，以寻求扩大市场份额（黄景贤，2013）。

在日本，称快递为"宅急便"或者是"宅配便"。"宅急便"一词并没有在法律上给予明确的规定，一般的理解就是一种特殊的从事混装货物运输的行业。所以说，虽然都从事快递业务，不同的企业对货物的规格却制定了不同的要求。例如，雅玛多运输株式会社规定货物体积为 160 厘米以下，重量为 25 公斤以下；佐川急便株式会社规定货物体积为 160 厘米以下，重量为 30 公斤以下；日本邮政株式会社的"邮政小包"规定货物体积为 170 厘米以下，重量为 30 公斤以下；西浓运输株式会社规定货物体积为 130 厘米以下，重量为 20 公斤以下；福山运输株式会社规定货物体积为 160 厘米以下，重量为 25 公斤以下。此外，日本国土交通省在对快递数量进行调查时，曾经对"宅急便"一词做过以下定义：宅急便，即一般的混载公路运输货物，或者是与此相同形式的铁路货物运输、内河航运、航空货物运输当中的一种，或者是各种形式的多式联运，同时每票货物重量必须在 30 公斤以下（黄景贤，2013）。

对于快递企业的政策规定，目前在日本仅仅有与快递相关的针对一般货物与运输工具、特殊货物与运输工具等的相关政策规定，还没有像中国这样的，由国家出面制定的关于快递货物运输的相关法律细则。在此基础上，各个快递公司根据该规则，制定适合自己公司的各种管理条款。所谓的标准快递运送条款包括：

（1）关于收件。仅包括收件日期、回单的内容，货物内容的确认、包装及运费等条款，但是细致的内容并没有规定。

（2）关于货物运输。同样是基于不同的运输距离对货物运输的时间有一些规定，同时对于收货人不在的情况下应该如何处理有一些规定。

（3）关于运输配送。货物运输的时候，规定送货人对于货物运输具有操作和指示的权利。

中国政府对快递产业制定了统一的制度规范。

（1）关于收件。中国的《快递业务操作指导规范》规定：下单后，2个小时以内取件，取件后 3 个小时以内运送到快递营业场所（第 9 条）；取货时，必要时可以验货（第 11 条）；

快件必须在 50 千克以下，最长边长不得超过 150 厘米，三边长度之和不超过 300 厘米（第 12 条）。

（2）关于分拣和公路运输。中国的《快递业务操作指导规范》规定：运送至分拣中心的快件，必须在当天进行分拣（第 21 条）；所有的公路运输车辆，必须实行双人派押（第 26 条）。

（3）关于配送。中国的《快递业务操作指导规范》规定：每日 15 时前到达配送中心的货物必须在当天配送 15 时以后达到的货物，必须在第二天 12 时之前进行首次配送（第 28 条）；配送前收派员必须用电话联络收件人，确定住所以及可以派送的时间（第 29 条）。日本的《标准宅配便运送约款》规定：如果快递单上有写明具体的送货日期的时候，按照记载事项进行配送，如果没有记载的时候，400 公里以内的距离的话，需要在 2日之内进行配送，超过 400 公里的情况下，每 400 公里可以延长 1 天时间（第 10 条）；如果收件人不在的情况下，需要投递通知单通知到收件人，同时要把快件放回营业所或事务所保管（第 12 条）。

总体来说，日本国土交通省所制定的《标准宅配便运送约款》并不像中国邮政局所制定的《快递业务操作指导规范》那样详细。在日本，像《快递业务操作指导规范》这样详细的规定恐怕就已经是各个快递公司的具体的公司操作规范了。总而言之，由政府为主导力量的中国快递行业管理业务规范和由民间力量为主导的日本快递行业管理业务规范形成了鲜明的对比（黄景贤，2013）。

# 4.2　日本飞脚快递的时代

日本的飞脚制度可以追溯到镰仓时代，最初是指使者、信使。到了江户时代，泛指邮递信件、转运货物的从业者。江户时代的飞脚，每月三次往返于东海道。与此同时，供旅人停宿、运送货物的人马替换的驿站也繁荣起来，逐渐成为街市，日本有很多城市就是在驿站的基础上发展起来的。之后大阪商人也开始经营飞脚业务。1663年，飞脚业务允许在民间经营。

日本的邮政系统以1882年的《邮政条例》颁布为分水岭，迎来了发展之机。该条例统一制定了日本全国的邮政费用，邮政汇票和邮政储蓄也走上了正轨。至1892年又颁布了《邮包邮递法》，标志着日本全国邮政网络的基本完成。

1957年3月22日，佐川清在京都火车站附近以自己家为根据地，利用京都和大阪之间的铁路线路开始了飞脚业务。佐川清以飞脚创业起家，靠自己的努力奋斗创建了辉煌的事业。1950年左右，虽然日本国产卡车已经开始出现，但是日本的公路还没有铺设好，卡车运输价格非常高而且无法保证安全和时效，陆地运输主要还是依靠铁路，铁路快递花费的时间非常长，所以这种门到门的背包快递业务就成了市场上非常需要的服务。

1965年11月，佐川清成立了佐川急便公司。1967年12月，佐川急便扩充了自己更大范围内的运输网络，开始在京阪神路线从事飞脚业务。随着全世界"大量生产、大量消费"生产模式的浪潮，当时日本开始流行"流通革命"这一概念。日本此前的流通构造是"制造商—批发商—零售店—消费者"的模式，这个时期开始流行由超市这种大型零售店主导的流通构造。随着日本新城的开发和陆地交通网络的扩充，这种流通模式陆续扩张到了日本列岛的各个地方。佐川急便以小件商业货物为对象，向制造商、批发商及零售商等各类企业提供便利的物流服务，很大程度上促进了日本区域内和区域间的经济和产业的发展。佐川清主张"顾客第一"，信奉"迅速、确实、细致"的物流配送实践哲学。在日本高速发展的时代，佐川急便的配送员每天不停地开发新的客户，为数量不断增加的货物而飞速奔跑。1973 年，在日本扩大内需政策的刺激下，日本经济欣欣向荣。此外，石油危机使日本国内物资缺乏，物价上涨，内需增大。在这种背景下，佐川急便的业务迅速增长，运输网络不断扩大。直到 1974 年 1 月以后，日本通货膨胀结束，日本运输产业陷入困境。佐川急便为了寻求发展，把业务范围扩大到了首都圈。当时日本产业界开始流行节省能源、节省资源、合理化、效率化，对物流领域的要求越来越高。佐川急便投入大量资金进行物流信息系统技术开发，提高物流效率来适应消费者不断变化的需求。1977 年，在创业 20 周年的时候，佐川急便完成了全国物流网络的铺设。佐川急便于 1998 年推出"飞脚便"，正式向日本快递产业领域进军。

## 4.3 日本邮政快递和铁路快递的时代

20 世纪 70 年代以前，日本的小包裹寄送主要依靠邮政局和国有铁道提供的邮政小包裹及铁道小行李等服务业务完成。属于公益性事业的独家代理，普遍存在着速度慢、效率低、办理业务麻烦等缺点。在当时，利用者需要严格地按照邮政或铁道的要求对包裹进行打包，并且按照所在地的规定贴上邮寄标签，还需要自己把包裹运送到火车站或邮局。换句话说，这种运输系统是按照提供运输服务方的理论成立的，对于利用者来说是非常不方便的。雅玛多运输最初就是把视野放到了这个蓝海领域，站在快递服务利用者的角度，推出了"宅急便"这种快递服务。1973 年日本陷入第一次石油危机，日本企业经营困难直接带来的结果就是从企业发出的货物数量减少，而此时雅玛多运输承运的都是从企业发出的大宗货物。在这样的背景下，雅玛多运输的社长小仓昌男实时的提出运输小批量货物的经营方向。1976 年 1 月 20 日，雅玛多运输注册了"黑猫宅急送"这个商标开始了快递业务，拉开了日本国内快递行业的帷幕。

**图 4 - 1　日本邮政车辆**

(图片来源：日本邮政集团主页)

日本邮政民营化后，近年日本邮政在不断地进行业务创新。日本邮政凭借全程时限短（除海岛外的国内寄递全程时限小于 2 天）、用户满意度高（约 80%）、网络通达性好等优势，一直拥有较好的市场基础。在强化原有的邮政配送系统网络和业务的基础上，2004 年，日本邮政与便利店的罗森（店铺数居日本位）确定战略合作伙伴关系，罗森便利店开始代理邮政小包裹的收集业务，自此日本邮政的小包裹数量攀升，市场份额由 2004 年的占日本总数量的 6.5% 上升至 2010 年的 8.5%。2010 年 7 月，日本邮政合并了日本通运小包裹业务"鹈鹕便"后，2011 年市场份额提升至 10.9%，到 2017 年提升至 15.9%。

**图 4 - 2　日本邮政与罗森便利店**

(图片来源：日本邮政主页)

1987 年，日本对国营铁路进行了一次体制上的改革，日本国铁民营化后，日本铁路公司大致可分为三类：JR 集 6 家客运公司负责全国骨干路网；16 家大手私铁主要经营东京、大阪、名古屋三大都市圈铁路，这三大都市圈人口占日本总人口的一半以上；其他准大手私铁和中小私铁等约 178 家负责经营其他地区与干线铁路连接运输服务。另有 JR 货运一家全国性货运公司和少部分小型民营货运公司。国铁分割民营化，货物运输方面由日本货物铁道（JR 货物）来接手。然而，JR 货物成立后，铁路货物运输量不断减少。后来从环境保护及发挥铁路运输优势的视点出发，从普通货车转向集装箱化，引入新车型来提高车速，从而使 JR 货物开始扭亏转盈。但以郊外农村地区货物运输为中心的中小型民营铁道仍大量经营困难。

图 4-3　日本国铁列车

（图片来源：日本 JR 公司主页）

## 4.4　日本个人快递的时代

日本的快递产业从形成时期就不断地推出创新的服务和创新的产品。信息技术革命带来了物流信息系统的创新，物流信息系统的创新又推动了日本快递产业商业模式的创新。在最开始的阶段，新型的快递服务不断地抢占邮政小包裹和国铁小行李的市场份额，然后迅速超过了邮政小包裹和国铁小行李占有的市场份额，急速地完成了市场的扩张。从 1979—1985 年，日本整个货运市场不是很景气，全体货物运输量的增长率为每年 −0.8%，但是与此相反，快递产业以每年 38.7% 的速度迅速地成长起来。快递这种优质的运输服务以其（一个电话取件，次日配送，均一费用）这样的创新服务紧紧抓住了消费者的需要。在日本快递产业的高速增长期，许多运输公司看到了快递行业的良好势头纷纷加入行业竞争中，雅玛多运输首先提供"黑猫"宅急便服务，1977 年日本通运的"鹈鹕便"和西浓运输"代数便"、1981 年福山通运"福通便"、1998 年佐川急便也开始快递业务，快递市场竞争白热化，鼎盛期全国有 153 家公司参与快递事业的竞争，由于许多公司以小动物命名快递产品，所以一时间快递行业的竞争被称为"动物大战"。为了规范快递市场使快递市场有序的竞争，1990 年日本运输省制定了《快递业运费认可标准》，其中包括对重量、外形尺寸和业务范围等标准的规定。

图 4-4 雅玛多运输的车辆

（图片来源：日本雅玛多运输公司主页）

20 世纪 90 年代开始，在以美国为首的全世界对运输业界的简政放权的影响下，在以雅玛多运输为首的日本运输产业界的不断努力下，日本的《物流二法》出台了。卡车运送法规定许可证由认可制改为许可制，运费由认可制改为事先申请制。日本快递产业的成长，促使了旧的法律制度的变革，推动了新的法律制度的出台。

雅玛多运输宅急便业务的成功受益于日本高速公路网的整顿，电子信息技术的进步等环境面的完善带来的商业机会。但是环境面带来的商机是同样的，能够发现并准确掌握商机也是决定性的因素。当时雅玛多运输的小仓昌男社长每天脑袋里面都在考虑面向日本家庭配送的问题，结果在曼哈顿看到的 UPS 的运输车辆使他想到了"宅急便"这种新型运输服务。"宅急便"这种快递服务在推出后 5 年即获得收益。雅玛多运输成为快递这种商业模式的创新引领者，小仓昌男成为日本快递产业界领袖式的经营者。分析日本面向家庭的快递产业的发展史离不开对雅玛多运输宅急便快递服务发展的研究。

雅玛多运输于 1919 年在东京京桥设立总部，最初是以 4 辆卡车开始了运输服务。第二次世界大战前，雅玛多运输已经在日本关东圈内建立起了一定程度的运输网络。到 1945 年，雅玛多运输拥有卡车 151 辆，员工 500 名，已经成为在日本排名第一的优秀的卡车运输企业。第二次世界大战后，卡车运输的政治经济环境发生了很大的变化。日本经济经历了高速成长，随着全日本的公路网络基础设施不断改良，卡车运输逐渐取代铁路运输成为运输产业的主要力量。而此时的雅玛多运输致力于关东圈内的路线运输并没有及时展开长途运输服务。雅玛多运输在 1957 年终于申请了东京大阪间的路线许可，并于 1959 年取得许可，1960 年在大阪设立分店，但是比起其他行业竞争对手已经晚了整整 5 年时间。

此时的雅玛多运输尝试通过走多元化的道路来改善经营状况，在货代，百货店配送、航空、海运、包装等业务领域都做过尝试，但是都没有起色。更加严峻的问题是，雅玛多运输拒绝了成本高、运费高的小件货物，优先与大件货物的货主签订合同，结果利润率非常低。这样一来，一直作为雅玛多运输公司支撑业务的面向商业用户的卡车运输的收益也开始恶化。

运用逆向思维，雅玛多运输小仓昌男社长开始思考面向家庭和个人的快递市场。当时邮政小包裹每年大约 1 亿 9000 万件，铁道小包裹大约每年 6000 万件，共计 2 亿 5000 万件。假如说一个快件配送费用为 500 日元，那么当时日本的快递市场就是 1250 亿日元规模的市场。损益分歧点不清楚成为当时小仓昌男社长最大的烦恼。

1973 年，小仓昌男社长到美国出差，在纽约曼哈顿街头看到了美国最大的卡车运输公司 UPS 的集货和配货的情景。小仓昌男社长意识到物流网络的损益分歧点非常重要，每辆配送车辆也有损益分歧点。每天到底可以收集配送多少个货物才能够超过损益分歧点，取决于这辆集货车负责的区域的面积。也就是说，运营这辆车的成本和这辆车每天收取配送货物的数量如果可以计算的话，损益分歧点就可以计算。想清楚这个问题之后，小仓昌男社长预感到在日本开展面向家庭和个人的快递业务一定会成功，并且在回国之后向雅玛多运输的相关人员提出了自己的想法。

1976 年 1 月，在小仓昌男社长的积极推动下，雅玛多运输的"宅急便"快递业务开始了。从数量上来看，第一天经手的货物数量为 11 件，当年的货物总数量有 170 万 5000 件。1980 年度已经与铁道小包裹的数量相当。接下来 1977 年度、1978 年度、1979 年度的货物总量分别为 540 万、1088 万件、2226 万件。到 1981 年度，1986 年度的货物达到了 5062 万件，2 亿 3099 万件。从服务范围来看，雅玛多运输的宅急便快递服务最初在东京 23 区范围内展开，3 年后扩展到了日本国土面积的 27.4%，人口比例的 74.8%。

20 世纪 80 年代，由于快递市场的蓬勃发展，市场前景一片大好，日本其他的运输行业的竞争企业包括西浓运输、日本通运等公司也开始参与到市场竞争中，竞争非常激烈。快递产业开始在日本全国范围内扩大，快递配送据点急剧增多，日本快递市场飞速发展起来。雅玛多运输为了应对快递产业构造的变化和日益激烈的市场竞争，持续不断地对快递业务进行新市场和新产品的创新。

1980 年左右，雅玛多运输的营业区域偏向于日本关东一带，在申请拓展营业区域范围的时候，被当时的日本运输省以其他运输企业反对为由延期了许可的发行。1986 年雅玛多运输对当时的运输大臣提起了诉讼，同时借助舆论的力量，促使运输省发行了许可，扩大了营业区域，为其以后的发展奠定了基础。

同时，雅玛多运输积极地推行差异化战略。雅玛多运输从 1981 年开始实施"经营 3 年基本计划"。具体包括完成雅玛多运输在日本全国快递网络的铺设、次日配送服务区域的扩大、作业体制的设立等 3 个方面。利用三个 3 年，共计 9 年来完成这个经营计划，使雅玛多运输的快递服务网络更加便利。而且雅玛多运输开始进行业务集中化战略，随着快递业务的扩大，雅玛多运输从以往的商业货物运输业务领域开始撤退。雅玛多运输还积极地进行快递信息网络的基础设施建设，将硬件、软件、人力资源三者统合，建立起了新的快递信息技术系统。使收货、运输、配送系统相连接，完善了整个快递信息技术网络系统。

雅玛多运输积极地进行新商品开发。例如，1983 年开发了滑雪宅急便，1984 年开发了高尔夫宅急便，1986 年开发了上门收件宅急便，1987年开发了冷藏宅急便等快递业务。雅玛多运输的新产品开发创造了新的市场，持续保持高速增长，在日本当仁不让地成为快递产业的龙头老大。

1990 年之前可以称为是日本面向个人和家庭的快递市场的成立期。在此期间，雅玛多运输面向个人快递的商品开发基本完成，全国的快递运输网络也基本完成。1990 年之后是个人快递向商业货物转移的时期。另外，1990 年运输行业的《物流二法》的实施成为标志性的事件。

## 4.5 日本商业快递的时代

物流产业一般具有货主从属性和进入容易性两个特征。由于物流行业的进入门槛低，服务的差异化比较难，货主可以自由选择物流提供商，结果就形成了货主的买方市场。在日本，伴随着 1990 年出台的《物流二法》，日本政府放松了对运输产业的监管，此后 10 年每年以 1500 家公司的速度，新加入日本物流产业。与此相反，由于日本经济的不景气，货物的数量是在减少的，运输业界的竞争相当残酷。

雅玛多运输主要面向个人快递市场，拥有日本全国范围内的配送网点，货主分散在日本各地，因此对货主没有从属性。雅玛多运输在以个人消费者为对象而进行的全国性配送网络基础设施建成之后，逐渐对于大批量货物的发货方，如大型百货商店等商业货物货主也变得从属性极低。

纵观整个日本快递产业，1990 年以后在个人快递运输业务的基础上，商业货物又重新加入了快递领域，并且为日本快递货物总数量的增加起到了维持和推动发展的作用。

在这个时期，日本虽然陷入了经济持续低迷的状况，但是几乎所有企业都开始意识到精益生产和精益物流的重要性，开始进行"轻薄短小化"的生产和销售，因此商业货物重新成为日本快递产业的重要的货物来源。日本企业开始进行零库存生产，强调"必要的时间，必要的货物，必要的数量"的物流管理体系的重要性。商业货物往轻量化发展，每个货物都在 30 公斤以内，采购时间变得越来越短，快递的次日配送、指定时间段配送等服务变得越来越重要。在上述背景下，20 世纪 90 年代以后，日本的快递产业依旧维持了持续的快速成长。

1998 年，有两个事件意味着雅玛多运输的优越地位可能出现了动摇。佐川急便的参入和迅速成长，以及网络购物的发展引起的大型发货人的登场。

雅玛多运输是从个人快递市场发力接着开始进入商业货物运输领域，而小批量的商业货物领域正好是佐川急便最擅长的领域。1990 年以后雅玛多运输的发货人有七成是小件商业货物的货主，这也促使佐川急便开始进入了快递领域。同时"到目前为止，佐川急便的各个分公司的运输费用体系各不相同，进入快递领域，可以使运输费用体系更加清晰"，佐川急便如此解释。由于 30 公斤以下的小件商业货物一直都是佐川急便擅长的领域，所以说佐川急便进入快递领域后很快业绩就成长起来，货物的总量也迅速地与雅玛多运输相接近。

**图 4 - 5　佐川急便运输车辆**

（图片来源：日本佐川急便公司主页）

2000 年左右，电子商务和网络购物迅速发展起来，在日本传统的网络购物，以及产地直送等新的商业模式的增长都是非常快速的。网络零售行业对于快递产业的影响有两面性。一方面网络购物的小件货物的数量增加了，另一方面网络零售行业的发货方的小件货物密度比较高，对快递行业的议价能力增强了。

日本快递市场由雅玛多运输"一强"的时代进入了"二强"的时代，快递企业的可替代性增强了。

从 2012 年度日本国土交通省的数据来看，快递市场份额和总数量，分别为雅玛多运输 14 亿 8754 万件，市场份额 42.7%；佐川急便 13 亿 5651 万件，市场份额 38.9%；日本邮便 3 亿 8221 万件，市场份额 10.9%。

日本邮政集团在日本全国有 2 万 4000 个邮政局，18 万个邮筒，如此丰富的物流网络资产，但是现在市场份额才 11%，与快递业界第一位的雅玛多运输、第二位的佐川急便还有非常大的差距。为了抢占快递市场份额，日本邮政集团于 2010 年收购了日本通运的快递业务部门。此外，日本政治推动了日本邮政集团的民营化，2015 年邮政株式会社实现了上市。日本邮政集团面对迅速增长的快递市场，开始利用自己的优势展开反攻，日本的快递市场进入了"三国争霸"的时代。

2014 年，日本网络零售企业 25 家企业联合起来组成了快递研究会，谋求共享信息、共同发展、资源共享。这25家企业各个企业虽然规模小，但是联合起来一年也有1亿多件的货物，规模不可小觑。另外，日本的多家便利店也开始进军快递物流行业。日本的商业快递领域，从"二强"时代，进入了"三国争霸"的时代，而后再一次进入快递产业战国时代。

# 4.6　日本国际快递的时代

1979年，作为美国快递产业国际化拓展的一环，日本的国际快递业务开始了起步阶段并迅速发展起来。在日本，此前的空运货物都是机场发货、机场取件。随着美国综合性物流服务提供商的登场，通关手续的改善，货物追踪系统的整备，更加高度的门对门快递服务成为可能。在日本，国际快递最初的服务对象就是过去依靠航空运输的单证。国际文件的对象为船运单证、合同文件、商品目录、设计图纸、企业业务文件等。重量大约在1公斤以下。

从国际小包裹快递的流通机能来看，从日本发出的一般航空货物大多数为成品或半成品的电子机器、机械部件等货物，这些货物能够承担起较高的运费是因为他们具有较高的附加值。另外，国际小包裹快递还包括紧急情况的运输或商品样品的运输等普通国际商品运输的补充运输行为。因此与一般国际航空货物的150公斤相比，国际小包裹的平均重量为50~60公斤。

此外，随着日本消费者对全球商品需要的增加，"在自己家里购买世界货物"的需求越来越多，为了应对日本消费者的需求，日本运输省提出建立提供门到门的国际小包裹快递服务系统的蓝图。1988年以后日本的百货店开始跟国际快递企业联合起来，展开了这种面向个人的进口商品国际快递业务。可以说为了促进国际快递的利用，丰富商品的购买渠道，促进贸易收支平衡，经济结构的变革，日本政府积极地推行了许多相应的政策。

逐年增加的日本海外旅行者也开始利用国际快递邮寄当地土特产寄回日本。国际快递作为减少随身行李的一种方法抓住了国际旅行者的需要，作为一种便利的服务在日本的普及性非常广泛。

## 4.7　日本快递产业供应链解决方案构想

1998 年开始，日本通运与 FedEx 联合起来进军国际市场，这种联合浪潮的最大的理由就是全球化物流需要的变化。在这个时期，汽车、计算机、通信设备、精密机器及各种电子产品这样的高端制造业者已经完成了全球化、多国籍化的发展，需要在世界中分散的开展零部件及成品的生产。各种零部件、成品需要在全世界的工厂无国界的交叉生产，同时需要削减在库成本，需要保证交货时间，对少批量多频率的高度物流管理的能力有迫切的需求。在这种背景下第三方物流及供应链管理等高品质的运输管理商业模式就应运而生了。日本的快递企业也开始整备日本全国各地的物流中心，提供综合性一体化的物流服务。快递产业的服务对象从顾客到顾客为中心，逐渐发展为企业到企业、企业到顾客的服务，并且持续保持着高速增长。

雅玛多运输在上海、新加坡、中国香港、马来西亚等地开始展开国际快递业务，提出了供应链解决方案构想。雅玛多运输的东京羽田分拣中心，在业界提供首屈一指的高效率和高附加价值的供应链解决方案服务，不仅促使了日本国内的物流发展，而且促进了亚洲物流的迅速发展。供应链解决方案构想，简单地说就是将向个人提供快递服务的具有优势的快递公司，发展成为可以承担企业间物流的综合物流公司。例如，出库场所、出库状态、出库量无缝衔接的圆形网络；永不停止的物流网络系统；可视化物流，发货方和收货方信息共享；需求链，即发货方和收货方视点的最优化。东京羽田分拣中心的高附加机能主要有不同货主的货物集合起来向同一个收货方发货、医疗机器的清洗保养、机器修理保养、保税、快速通关等。此外，雅玛多运输提供产地直送商品物流解决方案。雅玛多运输可以代理订货、送货、出货、配送等一体化服务。雅玛多运输还可以提供一体化通关解决方案。雅玛多运输与日本邮船株式会社联合起来，构筑国际物流网络。雅玛多运输和日本邮船株式会社利用各自的优势开始提供国内外一体化通关进出口服务，中国市场的企业间物流服务，零部件管理、租赁服务等业务。

综上所述，在日本最初推出个人快递服务的公司为雅玛多运输。之后随着日本物流行业的变化雅玛多公司开始进军商业快递领域，并在此领域与佐川急便公司展开激烈的竞争。最近日本邮政也开始利用自己的优势开展快递业务，同时日本的便利店等企业也加入了快递业务领域的竞争。日本国际快递的发展是作为美国快递企业国际化的一环发展起来的。最初的国际快递业务是针对文件的，后来在企业国际化等大环境的影响下国际小包裹快递迅猛发展起来。日本的快递企业开始布局国际快递网络，世界上的快递企业开始进入物流解决方案领域，并展开了新的激烈的竞争。

# 第5章

# 印度快递产业发展史

本章首先对中国和印度的快递产业，选取 1980—2010 年进行比较研究。然后分阶段对印度的快递产业进行论述，分别是印度快递产业的原始时代、印度快递产业面向国外市场的时代、印度邮政改革的时代、印度国内快递网络形成的时代、印度国际快递的时代、电商时代的印度快递产业。

## 5.1 中印快递产业比较研究

从 1980—2010 年，中国和印度的快递产业发展有一些共性也有许多不同。1995 年印度加入 WTO，2001 年中国加入 WTO。在加入 WTO 之前，几乎是中国邮政 EMS 一家支撑起了中国国内市场的快递配送的任务。在 20 世纪 90 年代，中国民营企业顺丰速运、申通、圆通等快递企业适应了市场的需要迅速发展起来了。针对民营企业数量众多，竞争无序的市场状况，中国相关部门出台了《邮政法》并进行了修订，制定了快递服务相关的各种规划、标准和管理办法。中国民营企业面对外资快递企业雄厚的资金、先进的技术和管理，背水一战，在中国国内快递竞争中取得了压倒性的胜利，并且许多快递企业也逐渐发展壮大起来，加强了物流基础设施的建设和物流信息技术方面的研发，伴随着中国制造业的全球化进程，逐渐将快递网络发展到了世界上很多国家和地区。

**《邮政法》的出台和修订**

外资物流企业进入中国市场的限制废止；
快递服务"十二五规划"出台；
快递服务国家标准出台；
快递市场管理办法出台；
长三角地区快递服务发展规划出台；
珠三角地区快递服务发展规划出台；
京津冀地区快递服务发展规划出台；
海峡两岸经济区快递服务发展规划出台。

**国有企业与民营企业并存的阶段**

中国邮政EMS，
珠三角顺丰快运、长三角申通
快递等企业发展起来

**国有企业为主的阶段**

中国邮政EMS寡占
国际快递企业开始与中
外运合作进入中国市场

1980　1986　1988　1990　1992　1995　2001　2003　2004　2009　2011　2012　（年）

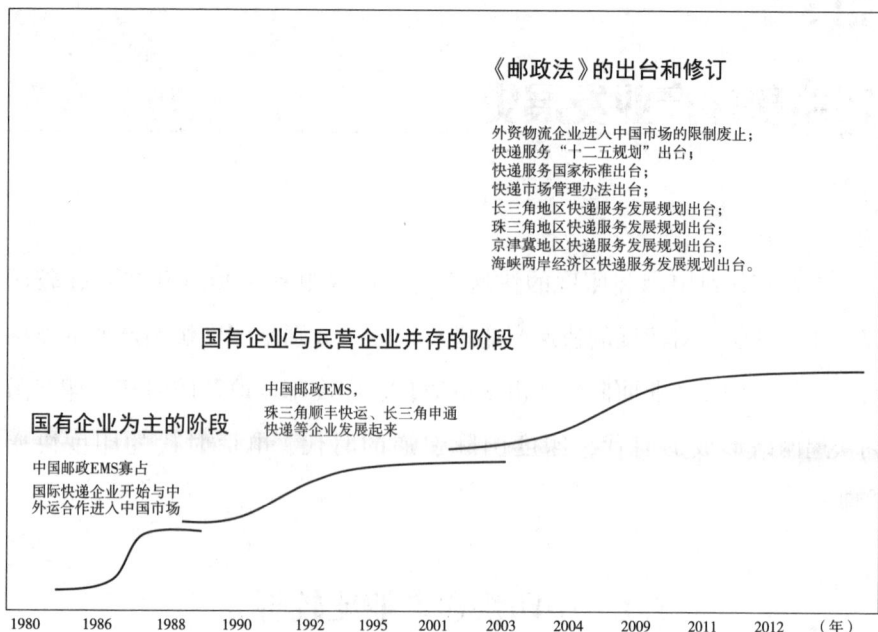

**图 5－1　1980—2010 年的中国快递产业发展概况**

20 世纪 80 年代，印度快递产业发展形式就是国际快递企业与印度国内快递企业合作。1995 年，印度加入了 WTO，之后国际快递产业陆续收购了印度国内的大型快递企业，除了开展国际快递业务外，也大力的拓展印度国内快递市场。2006 年，印度政府出台了 Indian Post Office（Amendment）Bill（《印度邮政系统（修订）议案》），进入了邮政改革的探讨中。2008 年印度邮政加入了 World Net Express（世界快递组织），与 Deutsche Post Worldnet（德国邮政世界网）建立起了战略合作伙伴关系，提供 EMS 快递服务。可以看出印度国内国际快递市场的发展是国际快递企业拓展全球市场的一个环节。目前，印度国内快递市场已经形成了两个集群，而其他地区的快递市场依然是依赖数量众多的中小企业。印度最为著名的 Desk to Desk Courier（DTDC，桌对桌快运）公司是印度国内第一家专为电子商务打造的专业物流公司。DTDC 为其电商合作伙伴们提供包括从仓库挑选并包装商品及运输和投递交付等一整套完整的订单履行服务。此外，

DTDC 在全球范围内寻找合作伙伴拓展业务范围。

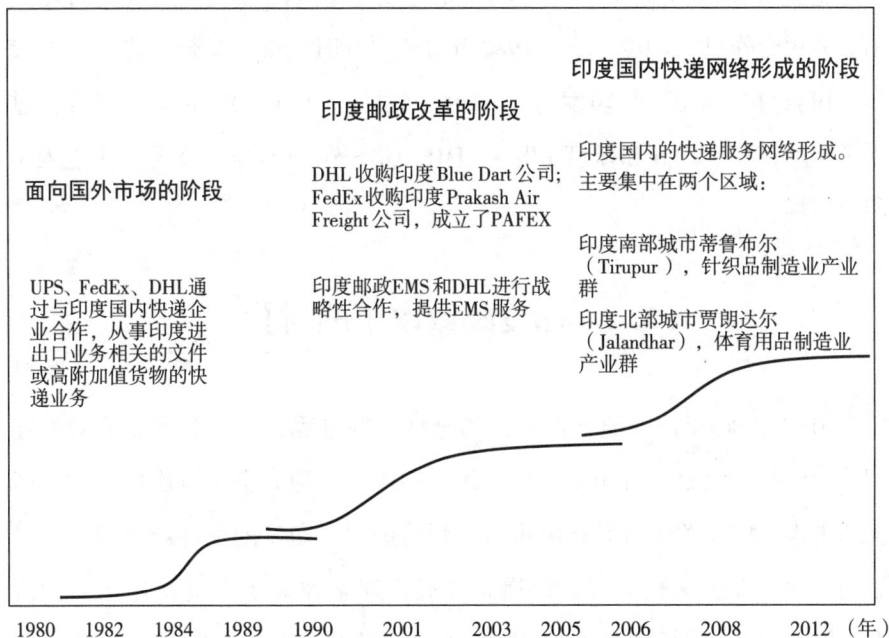

印度国内快递网络形成的阶段

印度邮政改革的阶段

印度国内的快递服务网络形成。
主要集中在两个区域：

面向国外市场的阶段

DHL 收购印度 Blue Dart 公司;
FedEx 收购印度 Prakash Air
Freight 公司，成立了 PAFEX

印度南部城市蒂鲁布尔
（Tirupur），针织品制造业产业
群

UPS、FedEx、DHL 通
过与印度国内快递企
业合作，从事印度进
出口业务相关的文件
或高附加值货物的快
递业务

印度邮政 EMS 和 DHL 进行战
略性合作，提供 EMS 服务

印度北部城市贾朗达尔
（Jalandhar），体育用品制造业
产业群

1980  1982  1984  1989  1990  2001  2003  2005  2006  2008  2012（年）

图 5-2　1980—2010 年的印度快递产业发展概况

## 5.2　印度快递产业的原始时代

印度最早的有记录的快递运输行业可以追溯到公元前，是依靠特使或
者鸽子来完成的。早期的有一定组织的代表性的印度快递企业是一家叫
Angadia Services 的企业，它主要依靠劳动力的血肉之躯来运输文件及贵重
物品。

## 5.3　印度快递产业面向国外市场的时代

近现代有组织的快递员和快递产业的产生要追溯到 20 世纪 70 年代到
80 年代初。随着贸易和产业的发展，快递员和快递产业应运而生了。在这

个时期，外国的快递产业也开始进入印度市场，他们主要通过与日本国内快递企业合作的方式在印度市场开展业务。例如，1979年DHL与印度AFL公司合作进入印度市场。1982年TNT与印度Skypak合作进入印度市场。1984年，FedEx与印度Blue Dart（蓝标）、Gelco Express公司合作进入了印度市场。UPS和印度Elbee、IML Air Service Group公司合作进入了印度市场。

# 5.4 印度邮政改革的时代

20世纪90年代，随着世界市场全球化的进程，世界各国政府对快递相关产业的简政放权对印度产生了很大的影响。随着世界范围内邮政民营化的进程，以及关于贸易自由化的谈判的进程，印度的快递产业发生了显著的变化。许多家庭所有的快递企业成长起来加入了印度快递产业的大军。同时这个时期印度快递产业出现了大量的兼并，收购和连携等企业活动。

在印度，邮递领域一直都是由邮政部门监管。但是快递领域却由中央政府及地方政府多个部门监管，因此快递监管一直都很混乱，产生了多重管制等许多问题。首先，印度的邮政部门管理法案已经过时了，印度政府在1898年出台了Indian Post Office Act（《印度邮政系统管理法案》），当时还沿用了此条例，此条例规定"letter"（信件）是邮政部门专营领域，但是此法案没有给出"信件"的定义，这就引出了一个争论，"document"（文件）是不是"letter"（信件）的争论。随着世界经济自由化的呼声，许多快递公司进入了印度市场。这个"document"（文件）和"letter"（信件）的定义模糊使很多私营企业开始自由的经营"document"（文件），甚至是"letter"（信件）的快递服务。印度邮政提出私人快递企业经营信件使印度邮政的收入大幅减少，但是基于当时的《邮政系统管理法案》很难界定这个问题。更进一步说信件的快递领域已经发生显著的变化，100年前制定的法案根本无法对这个领域进行管理和控制。

在这种背景下，2006年，印度政府出台了Indian Post Office（Amendment）Bill（《印度邮政系统（修订）议案》）。《印度邮政系统（修订）议案》接受了来自民营快递企业和其客户（包括快速增长的制造业客户和服务业客户）的许多批评性建议。基于这个修订议案，为了适应印度快速增长的制造业和快递业发展的需要，印度政府开启了制订新的法案代替旧的法案的邮政改革道路。在此期间印度政府针对相关各业态和人员进行了全国范围内的问卷调查。当时的改革主要包括以下几个方面。快递产业由印度邮政系统监管，如果民营快递企业想要经营150克以下的信件，需要收取邮政费用5倍的运费；外国企业对快递产业的直接投资可以达到49%等。此后大量企业进入印度快递领域，印度国内外快递企业的兼并重组活动非常活跃。

图5-3 印度邮政

（图片来源：印度邮政公司主页）

## 5.5 印度国内快递网络形成的时代

2000年以后，虽然印度市场上仍然有很多小规模的快递企业提供各种细分化的快递配送服务，但是印度快递产业的竞争格局初步形成。总体来说有四种类型的快递企业：提供 express mail services（EMS）服务的印度邮政和大型的全球综合物流服务提供商、大型的印度快递企业、提供地区性服务的印度快递企业及小型快递配送企业。

印度邮政拥有大型的邮政网络，并提供快递服务。印度邮政提供的这种快递服务有点类似于印度国内大型快递企业的服务。此外，印度邮政的邮政网点不直接提供 EMS 服务，它们与国际快递企业联合起来提供 EMS 服务，2008 年印度邮政加入了 World Net Express（世界快递组织），与 Deutsche Post Worldnet（德国邮政世界网）建立起了战略合作伙伴关系，提供 EMS 快递服务。

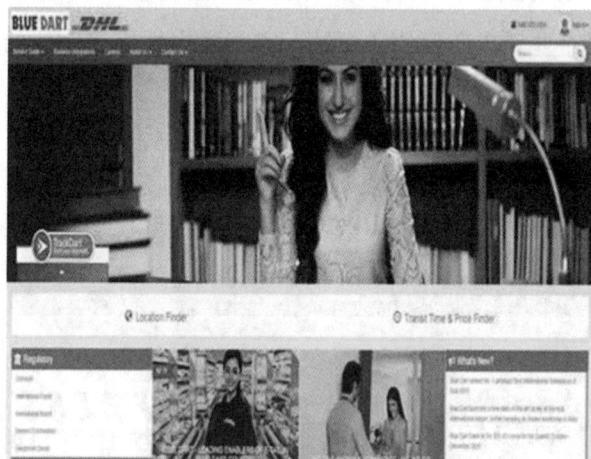

**图 5-4  DHL 并购 BLUE DART 提供快递服务**

（图片来源：印度 BLUE DART 公司主页）

最初的世界快递四巨头（UPS、FedEx、TNT 和 DHL）通过与印度快递企业合作的方式，主要面向国际市场展开快递服务。这些大型物流综合服务提供商主要的服务对象是高附加值的商品和文件，它们以国际标准面向从事进口或者是出口的国际贸易企业提供普通或者增值的快递服务。随后这些国际快递企业通过并购印度本土企业的方式进入了印度国内市场。例如，2004 年，DHL 并购了印度 Blue Dart（蓝标）公司，FedEx 并购了印度 Prakash Air Freight Private Limited，成立了 PAFEX（联邦快递印度）公司。这些本土印度快递企业在印度本国市场，已经拥有非常好的物流网络和基础设施。而这些国际快递企业已经拥有大型运货飞机、大型分拣中心、海关清关能力、全世界范围内的物流信息网络及货物编码扫描系统。这些并购活动拓展了印度链接世界的快递运输网络。

大型的印度快递企业的代表有 Desk to Desk Courier（DTDC，桌对桌快递），First Flight Couriers Ltd.，（第一货运）和 Overnite Express（次日达快递）等公司。这些公司的服务领域拓展到了印度国内快递物流市场的所有细分市场，包括城市间配送和大宗或快递市场，同时它们服务于一些国际快递市场，此外这些印度大型的快递公司还服务于许多国际型快递公司为他们提供高附加值服务。

**图 5－5　印度 Desk to Desk Courier 公司**

（图片来源：Desk to Desk Courier 官网）

地区性的印度国内快递公司有可能也有印度全国性的配送网络，但是它们往往致力于印度国内某个地区的快递服务。这些快递公司往往位于印度的制造中心，如印度南部城市蒂鲁布尔（Tirupur），这是一个印度的针织品制造产业群地区，或者印度北部城市贾朗达尔（Jalandhar），这是一个印度的体育用品制造产业群地区。

印度还存在为数众多的小型快递配送企业，它们往往提供一些本地的配送服务，它们的特点是资金薄弱，组织管理松散。它们只提供一些低价值的文件、礼品及大宗货物的门到门的快递配送服务，不提供其他的高附加值服务。

由于印度快递企业比较分散，存在为数众多的小型企业，所以很难统计出印度到底有多少家快递企业。据粗略统计 2009 年，印度大约有 2500

家从事快递业务的企业。其中大约有 20～30 家有组织的公司形式的快递企业，它们占据了印度快递市场收入份额的 70% 左右，大约有 2400 家都是组织形式涣散的零碎企业，它们占据了印度快递市场收入的 15% 左右。在此 10 年间，印度快递产业每年的增长速度大约为 33%，受 2008 年世界经济危机的影响，虽然降低到 25% 左右，但是 2009 年 9 月以后又恢复了原先的增长趋势。印度快递产业的增长率是日本 GDP（国内生产总值）的 2.5 倍左右。

# 5.6 印度国际快递的时代

DHL 并购了印度 Blue Dart（蓝标）公司，FedEx 并购了 Prakashi Air Freight 公司成立了 PADEX 公司，印度邮政与 DHL 合作提供 EMS 快递服务。目前，这三家公司在印度市场的占有份额最大，可以说研究印度的国际快递产业发展也就是研究国际上三大综合性物流服务提供商的发展史。

此外，印度 Desk to Desk Courier（DTDC，桌对桌快运）公司成立于 1990 年，总部位于印度孟买，在印度甚至世界各地拥有广泛的分销网络，为商业和个人客户提供快递和货运服务。印度 First Flight Couriers Ltd.（第一航空速递）成立于 1986 年，总部位于印度孟买，是印度领先的国内快递服务公司之一，并服务于国际地区。印度 The Professional Couriers（专业快运）在 1987 年创立，总部位于印度新德里，是一家印度国内快递公司，并服务于国际地区。

**图 5－6 印度 First Flight Couriers Ltd. 公司**

(图片来源：First Flight Couriers Ltd. 官网)

## 5.7 电商时代的印度快递产业

印度经济的增长是非常快速的。现在印度消费者的购买能力越来越强，电子商务的发展势头强劲。2015 年，世界上的投资者们为印度当地的电子商务巨头 Flipkart、Snapdeal 和 Amazon India 投资了数十亿美元。在印度，消费者网购的订单数量平均两三个月就会增加一倍。2013 年，印度的电子商务销售额是 30 亿美元，摩根士丹利预测到 2020 年印度的电子商务销售额能达到 1000 亿美元。

**图 5-7 印度 Flipkart 公司**

（图片来源：Flipkart 公司官网）

支持印度电子商务发展的是印度数量众多的快递企业和快递员。印度快递产业的工业程度发展不高，快递员们的交通工具并非四轮货车，而是两轮的摩托车，甚至依靠自己的双脚，因为堵车的时候，汽车要钻空子或是超车基本不可能。印度的快递配送服务比较便宜，也比较花时间，但是网购商品必须送达到消费者的手中。众多印度快递员背着大包徒步奔波，来代替配送货车，从而支持这快速发展的印度电子商务产业。

Desk to Desk Courier（DTDC，桌对桌快运）公司是印度国内第一家专为电子商务打造的专业物流公司，业务覆盖 2300 个城市。DTDC 为其电商合作伙伴们提供一整套完整的订单履行服务，包括从仓库挑选并包装商品及运输和投递交付。DTDC 在阿联酋提供当日递、次日递和国际快递服务。并在加拿大、肯尼亚和阿联酋发展合资企业，寻求与南非、新加坡和西亚的合资企业合作，以提高其国际地位。

# 第6章

# 世界代表性企业的快递1.0时代

本章会对世界上代表性快递企业的各自的快递1.0时代做详细介绍。这些企业分别是中国邮政速递 EMS、顺丰速运、申通快递、圆通速递、中通快递、百世快递、韵达速递、京东物流、苏宁物流、德邦快递、菜鸟物流、美国 FedEx、美国 UPS、德国 DHL、日本雅玛多运输、日本佐川急便、印度 Blue Dart、印度 DTDC。快递行业1.0时代，就是说企业能够进行一定范围内的快递活动，能够满足消费者对快递的最基本的要求，能够按照承诺的时效把一般快递或电商快递投递到消费者指定的场所，保证货物完好无损，不发生丢失事故。

## 6.1 中国邮政速递 EMS 的快递1.0时代

万国邮政联盟（Universal Postal Union，UPU），简称"万国邮联"，是商议和决定各国政府间国际邮政事务的国际组织，万国邮政联盟的前身是1874年10月9日成立的"邮政总联盟"，1878年改名为"万国邮政联盟"。万国邮政联盟是从1978年7月1日起成为联合国一个关于国际邮政事务的专门机构，其总部设在瑞士首都伯尔尼。万国邮政联盟的宗旨是促进、组织和改善国际邮政业务，发展邮政方面的国际合作，以及给予会员国所要求的邮政技术援助。中华人民共和国于1972年4月13日在万国邮联取得合法席位。同年5月8日，中华人民共和国政府通知万国邮联，决定参加万国邮联的一切活动（万国邮联官网，2021）。

特快邮递服务（Express Mail Service，EMS）区别于邮政服务是由万国邮政联盟（UPU）邮政部成员提供的一种国际特快邮政服务，由消费者付出较贵的费用以获得快速的邮政传递服务，通常应用于必须快速发送的重要信函或邮件。EMS 分为航空和陆运两种。航空 EMS，时效为大城市次日到达，乡村或偏远城市为 2 日到达，偏远城市的乡村为 3 日到达，快递单上右上角标有"国内标准快递"字样（本省内也有国内标准快递，但非航空）。陆运 EMS，时效为邻省城市为 2 日到达，偏远城市为 4 日到达，一般城市为 3 日到达，乡村在上述时间上晚 1 ~ 2 天到达，快递单上的右上角标有"国内经济快递"字样（中国邮政官网，2021）。

国际及中国台港澳特快专递（EMS）是中国邮政速递物流与各国（地区）邮政合作开办的中国大陆与其他国家、中国台港澳间寄递特快专递（EMS）邮件的一项服务，可为用户快速传递国际紧急信函、文件资料、金融票据、商品货样等各类文件资料和物品，同时提供多种形式的邮件跟踪查询服务。该业务在各国（地区）邮政、海关、航空等部门均享有优先处理权。

中国邮政 EMS 拥有一流的航空和陆路运输网络，具有高效发达的邮件处理中心，具备领先的信息处理能力。为客户提供快捷、可靠的门到门速递服务，最大限度地满足客户和社会的多层次需求。中国邮政 EMS 业务在各国（地区）邮政、海关、航空等部门均享有优先处理权，清关率极高。它以高速度、高质量为用户传递国际紧急信函、文件资料、金融票据、商品货样等各类文件资料和物品，同时提供多种形式的邮件跟踪查询服务。中国邮政国际特快专递业务已与世界上 200 多个国家和地区建立了业务关系。中国邮政 EMS 提供及时的追踪查询服务。EMS 邮件提供当日上网，当日查询的服务，可以及时追踪的邮件的邮递情况（中国邮政官网，2021）。

1980 年 7 月 15 日，中国邮政开始提供 EMS 国际邮政特快专递业务，是中国国内第一家从事快递业务的组织。1984 年 4 月，中国邮政开办国内特快专递业务。1985 年 12 月 3 日，中国邮政速递服务公司成立，成为我国第一家专业经营速递业务的企业。1987 年 5 月，中国邮政速递服务公司开启与国际非邮政快递公司合作，诞生"中速快件"业务（中国邮政官网，2021）。

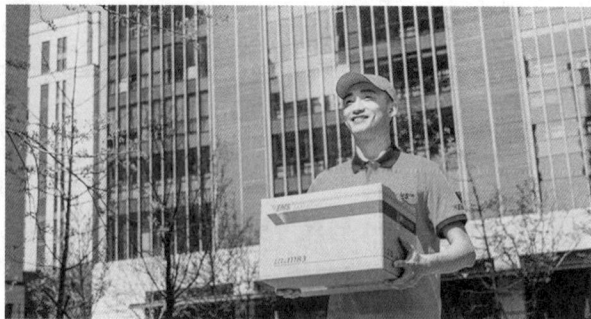

图6-1 中国邮政EMS快件

（图片来源：中国邮政官网）

## 6.2　顺丰速运的快递1.0时代

1993—1997是顺丰速运的创业起步期，在这个时期顺丰速运依托珠三角城市群，艰难地创业起步。1997—2001是顺丰速运的高速成长期，顺丰速运开始走出华南，走向全国，迎来高速成长。

20世纪90年代初，经常往返于中国香港与大陆的顺丰速运的创始人王卫有时会受人之托，捎带货物往返于中国香港与大陆之间。1993年王卫在广东顺德注册成立了顺丰速运公司，创业初期公司只有6个人。从此，王卫和其他公司员工每天背着背包、拉着拉杆箱奔波于中国香港和广东两地。当时，中国邮政的快递服务，从珠江三角洲到香港需要3天时间。而顺丰速运的服务，从珠江三角洲到港澳台地区的书信、出口商品手册、样品等只需要1天就可以配送完毕。别人带1件货要收70元，而王卫1件货只收40元。顺丰速运准确地把握住市场需要，并且以其优质优惠的服务吸引了大量客户，迅速抢占了市场。到了1996年的时候，顺丰速运已经基本垄断了深港货运。到了1996年，顺丰开始进军国内快递业务。顺丰国内网络的形成，是遵循市场规律，哪里有市场，就把公司网络发展到哪里。首先顺丰将网络延伸到广东全省，然后再拓展到全国范围。在顺德以外，顺丰每建一个快递网点，就注册 1 间新的公司。新建网点多数采用合作和代理的方式，这种形式和加盟类似，分公司归当地加盟商所有，然后连接成一个全国网络。直到 2002 年，顺丰只有一大批广州顺丰、深圳顺丰这样的地方公司，没有总部。

**图 6-2　顺丰速运的快递员在运送货物**

（图片来源：顺丰速运官网）

# 6.3　申通快递的快递 1.0 时代

申通快递创立于 1993 年，韵达创立于 1999 年，圆通创立于 2000 年，中通创立于 2002 年。"三通一达"的创始人都来自浙江桐庐，"三通一达"给中国人提供了便利的快递服务，而且为中国电子商务的发展提供了莫大的推动作用。20 世纪 90 年代，申通创始人来往上海和杭州帮助外贸企业运送外贸单证和样品，抓住了市场先机，成为中国领先的快递企业。到 2009 年新《邮政法》颁布之前，"三通一达"一直被视为"黑快递"，然而这些农民企业家硬是凭着敢打敢拼的精神，度过了创业的艰难时期，成为中国快递产业的中坚力量。

1996 年，申通快递将业务扩展到了长江三角洲地区。在南京、苏州等地设立网点公司。1998 年，申通快递注册了"STO"商标。1997 年，申通快递在北京、广州等大城市设立经营网点，开始进军全国快递市场。2002年，申通快递顺应市场需求和信息技术的发展，率先开始采用电脑查询、把枪扫描快件等新技术，让快递提速，让服务升级。2003年，申通快递确立"客户与申通双赢、网点与总部双赢、公司与员工双赢"的企业宗旨。2004年，长三角地区快递市场份额申通快递占比30%。2006年，申通快递网点数增至800家，从业人员达3万人以上。2007年，申通快递有限公司正式成立，申通快递向集团化迈出了更加坚实的一步。2009年，新《邮政法》的正式实施，为邮政产业的良性发展提供了有力的法律保障，也为行业内的快递企业自身规范提供了依据。申通快递作为起步较早，网络覆盖较大的民营快递企业，由当初的黑快递企业，转变成中国邮政业的重要组成部分。2010年，申通快递网络广度和深度进一步加强，苏浙沪实现了派送无盲区。2013年，申通快递公司拥有独立网点及分公司近2000余家，服务网点及门店8000余家，从业人员超过18万人。2014年，申通业务量完成24亿件，同比增长50%。2015年"双11"期间，申通快递全网从业人员超过30万人，最高日票件量突破4300万票，保证了电商购物顺利到家。申通快递不断完善终端网络、中转运输网络和信息网络"三网一体"的立体运行体系，立足传统快递业务，全面进入电子商务领域，推动了中国电子商务的良性发展。

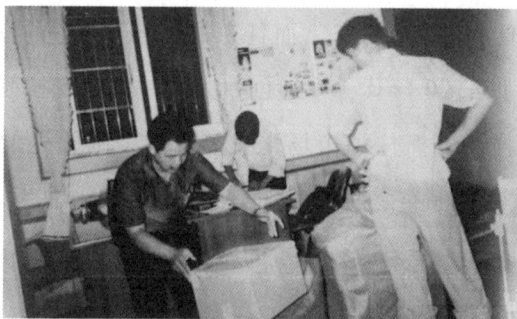

**图 6-3　20 世纪 90 年代，申通快递在全国各大城市设立经营网点**

（图片来源：申通快递官网）

## 6.4 圆通速递的快递1.0时代

圆通速递创立于2000年。从申通快递创立开始,逐渐孕育出后来圆通、中通、韵达、国通等快递企业。目前,圆通速递已发展成为一家集快递物流、科技、航空、金融、商贸等为一体的综合物流服务运营商和供应链集成商。圆通速递的快递1.0时代就是浙江桐庐农民企业家的创业史。

20世纪90年代,长三角地区的中国民营企业迅速发展起来,在这种背景下,中国民营快递企业以工商、贸易及海运等为主要服务对象,以通关单据和制造业样品为主要货物,以较低的价格,依靠人力加火车的模式,实现一日配送,并且提供门到门的服务,凭借顽强拼搏的精神和毅力发展到今日的跨国物流公司。

**图6-4 圆通的快递员在配送货物**

(图片来源:圆通速递官网)

## 6.5 中通快递的快递1.0时代

中通快递创立于2002年,创始人来自中国快递之乡——浙江桐庐。中通快递首日业务量57票。之后,中通快递逐步将快递网络拓展到长三角地区,然后到全国。

**图 6－5　中通快递总部大楼**

（图片来源：中通快递官网）

# 6.6　百世快递的快递 1.0 时代

2003 年 5 月，汇通快运在上海正式成立。汇通快运创始人也来自中国的快递之乡——浙江桐庐。到 2005 年，汇通快运重整网络资源，大力扩展全国网络。2010 年 11 月，杭州百世网络技术有限公司正式收购汇通快运，更名为百世汇通，同年完成对广东和湖北的直营管理。截至 2011 年 10 月，百世汇通完成了对广东、广西、湖北、湖南、江西、陕西、浙江杭州、浙江宁波、江苏苏州、江苏无锡、河北、山东、辽宁、黑龙江、重庆等地的直营，进一步加强了对全网的管理和运能时效的提升。

**图 6－6　百世快递总部大楼**

（图片来源：百世快递官网）

# 6.7　韵达速递的快递 1.0 时代

从 1999 到 2005 年是韵达速递的创业起步期。在这一时期韵达依托长三角城市群，艰难起步。从 2005 年到 2009 年是韵达速递的高速成长期。韵达速递不断拓展服务网络，逐步从上海走向全国。韵达速递的创始人来自浙江桐庐。韵达速递的快递 1.0 时代也就是浙江桐庐人从上海走向长三角地区，再继续铺设全国网络的奋斗史。

图 6-7　韵达快递员在配送货物

（图片来源：韵达速递官网）

# 6.8　京东物流的快递 1.0 时代

快递物流一直是制约电子商务发展的"瓶颈"。对于大型网络零售商来说，可以说得物流者得天下。2000 年左右，配送慢、服务差是网上购物商城对快递企业的普遍评价，因此，京东商城等网络零售商开始融资进军快递物流产业。2007 年，京东商城自建物流第一个仓库落地在北京市海淀区凤凰岭。第一个配送站是北京潘家园站。

图 6-8　京东快递的专业包装

（图片来源：京东物流官网）

## 6.9　苏宁物流的快递1.0时代

1990年，苏宁电器物流部成立，专注大家电。2005年，苏宁电器物流部启动电子商务仓配运营。2009年，苏宁物流部承载易购平台全品类仓储、运输、配送服务。2012年，苏宁物流注册成立公司，转型为家电第三方物流企业。苏宁电器是从线下门店成功拓展到线上商城的典型案例。苏宁电器物流部随着苏宁电器公司规模的壮大，逐渐转型成为家电行业的第三方物流企业。这些都为今后苏宁物流进入快递领域，供应链解决方案领域奠定了坚实的基础。

## 6.10　德邦快递的快递1.0时代

1996年，德邦快递在广东成立。1998年，德邦快递承包了中国南方航空（集团）公司老干部客货运处，创新推出了空运合大票的物流新模式，推动了航空货代行业的一次革新。2000年，德邦快递开发出第二代信息系统——TIS物流信息管理系统，实现了网上货物实时追踪查询。2001年，德邦快递开通了广州至北京线的第一条长途汽运专线，正式进军国内公路汽运领域，德邦迈出了全国布局第一步。2004 年，德邦快递首创"卡车航班"业务，凭借空运速度、汽运价格的优势，迅速占领零担物流中高端市场，奠定了德邦快递在国内公路零担领域的领先地位。

**图 6 - 9　德邦大件快递**

（图片来源：德邦快递官网）

## 6.11　菜鸟物流的快递 1.0 时代

中国网络购物的发展一定程度上依靠中国民营快递企业的发展。阿里巴巴集团为了解决电商"最后一公里"的问题，做了很多尝试，包括与快递企业合作、自建快递物流公司等。这些都为后来菜鸟物流的成立及快速发展奠定了基础。

**图 6 - 10　毕节大学生夫妻返乡开菜鸟驿站**

（图片来源：菜鸟官网）

# 6.12 美国 FedEx 的快递 1.0 时代

FedEx 的创始人史密斯出生于与运输业有着密切联系的家庭，祖父是蒸汽船船长，父亲经营巴士公司。1962 年史密斯进入耶鲁大学，攻读经济学和社会学。在他的大学三年级的学期论文中，分析了当时美国运输服务业，他提出在美国可能存在一个巨大的市场来满足一个运输药品、电子元件等"非常重要、时间紧迫"的货物公司，并提出了 hub & spork（轴辐式物流网络系统）的雏形，但是没有引起当时的教授的注意。

1966 年，史密斯从耶鲁大学毕业后应征入伍，成为美国海军陆战队的一员，并到越南战场服兵役。这样的经历，教会他在危难时刻仍然能够管理和激励人们，进而将这种热情和行动保持到事业胜利为止。1969 年，史密斯退役后，开始了自己在航空商业领域的一番创业。他了解到美国商业领域对目前的运输服务极度不满，企业愿意为可靠并快速的运输服务支付额外的费用，抓住这个商业机会，史密斯开始了创立 FedEx 公司的充满冒险和挑战的旅程。

**图 6-11　FedEx 用飞机运货**

(图片来源：FedEx 官网)

## 6.13　美国 UPS 的快递 1.0 时代

1907 年，UPS 作为一家信使公司在美国西雅图成立，创业初期，只有一辆卡车和几部摩托，主要为西雅图百货公司运送货物。1913 年开始，由于美国汽车和电话功能的改进，信使业务量下降，UPS 开始转向零售商店的包裹递送，UPS 公司开始逐渐有了自己的卡车。到 1919 年，UPS 的速递业务扩展到西雅图以外，并将公司名字改为现在的 UPS，同时开始了普通承运人的业务。1930 年，UPS 通过合并纽约市和新泽西州的几家大型百货商店的递送业务，将公司的业务范围扩展到了美国东海岸。20 世纪 50 年代，UPS 开始了在客户之间递送包裹的承运人服务，但是这项业务使 UPS 与美国邮政服务产生了竞争关系，并且与美国州际商业委员会的规章对立。因此，从 1950 年到 1970 年，UPS 一直致力于为获得在美国所有相邻州的自由运输的授权，与州际商业委员会进行法律上的战争。1975 年，UPS 终于拿到了开始从蒙大拿州到犹他州的州际服务的授权，并将其在亚利桑那州、爱达荷州和内华达州的部分服务区域扩展至全州。UPS 还获得授权将这五个州内的服务与太平洋沿岸及东部所有州的服务连接起来。UPS 成为第一个在美国 48 个相邻州内提供服务的卡车运输公司，这就是快递历史上著名的"黄金链接"。1977 年，UPS 的"蓝色标签航线"业务扩展到阿拉斯加州，UPS 对美国所有 50 个州提供空运业务（韩大伟，2012）。

**图 6-12　创业之初的 UPS 货物分拣中心**

（图片来源：UPS 官网）

# 6.14　德国 DHL 的快递 1.0 时代

DHL 公司的名称是由三位创始人姓氏的首字母组成（Dalsey，Hillblom 和 Lynn）。1969 年，DHL 开设了他们的第一条从旧金山到檀香山的速递运输航线。最初，创始人们自己乘坐飞机来往于旧金山和檀香山之间运送货物单证，这样客户就可以在货物到达之前进行清关从而显著地缩短在港口的等待时间。很快，DHL 把他们的业务网络扩展到中国香港、日本、菲律宾、澳大利亚和新加坡等地。DHL 提出了一个崭新的、提供全球门到门速递服务的网络的构想，在 1970 年代中后期，DHL 把他们的航空业务网络扩展到南美洲、中东地区和非洲。2002 年年初，德国邮政全球网络成为 DHL 的主要股东。2002 年年底，德国邮政全球网络 100% 控股 DHL。

**图 6 - 13　1979 年 DHL 开始提供小包裹快递服务**

（图片来源：DHL 官网）

# 6.15　日本雅玛多运输的快递 1.0 时代

1919 年 11 月 29 日，雅玛多运输的前身大和运输在东京京桥设立总部，以 4 辆卡车开始了运输业务。到 1935 年，建立起了东京一带的运输网络，并被称为日本第一卡车公司。第二次世界大战以后，由于日本国内道路的改良和卡车质量的提高，承担长距离运输业务的铁路运输逐渐被卡车运输所替代。宏观环境在变化，但是雅玛多运输却一直将业务停留在日本的关东地区。直到 1960 年，雅玛多运输才开始开拓大阪地区的业务，但是已经比同行业晚了 5 年，业务很难拓展开来。在这种背景下，当时的社长小仓昌男开始筹措进军快递业务，并最终在美国街头看见 UPS 运货的风景，预感到小件快递市场的业务一定能够成功。

1976 年 2 月，雅玛多运输开始快递业务的时候，针对家庭提供的小件货物的配送业务还只有邮局能够提供。这一年，邮政小包裹的营业数量是 1.78 亿个，雅玛多只有 170 万个。所有的人都认为雅玛多快递的这种尝试是没有意义的，但是 1980 年年初，雅玛多运输已经实现了盈利。1988 年，雅玛多实现了 7.79 亿个营业数量，当年邮政包裹的数量是 3.16 亿个。这一年，雅玛多运输占据了快递市场的 37%，日本通运株式会社的快递业务占据了 17%，邮政小包裹的份额是 15%。雅玛多运输从百货店的配送等短距离配送业务起家，由于进入长距离路线的时机晚了，但自从开始了小件快递业务，经过十几年的发展，营业数量超过了邮政小包裹和铁路小包裹，成了运输市场的创新引领者。

当时的雅玛多运输社长小仓昌男的设想是"全国统一的高水准的服务"，这是一个极具使命感的目标。雅玛多运输在日本各都道府县都设置了几个基地，在各市和街道又设置了营业网点。到 1990 年 3 月，雅玛多运输的网络铺设占到了日本总面积的 99.5% 和人口总数的 99.9% 的区域。1998 年，雅玛多运输在日本全国的营业点有 2300 点，联网店铺达到了 30 万个。另外，雅玛多运输的网点也开始向海外拓展，与美国 UPS 公司合作，目前，雅玛多运输全世界 200 多个国家和地区形成了全球化的物流网络。雅玛多运输的快递业务从 1990 年以后不仅停留在个人货物上，还拓展到了商业货物。1997 年，雅玛多运输在父岛、母岛也开始提供服务。

1983 年，雅玛多运输开发了滑雪快递，1984 年开发了高尔夫快递，1987 年开始了顾客指定时间货物快递和生鲜食品快递，1990 年开发了海外旅行者从住宅到飞机场的手提行李快递，1992年开始了次日10点前快递配送业务。为了实现客户的满意，雅玛多运输不停地开发快递的市场和业务。

图6-14  1919年，大和运输成立之初

（图片来源：雅玛多运输官网）

# 6.16  日本佐川急便的快递1.0时代

1957年3月22日，佐川急便的创始人佐川清在京都火车站附近以自己家为根据地，利用京都和大阪之间的铁路，开始了一个人的背包运货业务，营业区域主要集中在大阪。1950年左右，日本的道路还没有完善，卡车也没有普及，陆地运输主要还是依靠铁路。铁路快递运输速度慢，所以说，这种门户到门户的背包运货业务就成了市场需要的业务。1965年11月，佐川急便公司成立了。1967年12月，佐川急便公司将运输网络扩展到了京阪神范围。当时日本流行"流通革命"，流通系统从原来的"制造商—批发商—零售店—消费者"的构造，转向由超市这种大型零售店主导的流通结构。随着日本新城的开发和交通网络的扩充，这种流通模式循序扩张到了日本列岛的各个地方。在这种经济高速成长的大背景下，佐川急便的快递员每天不停地开发新的客户、新的货物。1973年，在日本内需扩

大和列岛改造风暴的政策下，经济发展欣欣向荣。此外，日本国内物价上涨，内需增大，因此，佐川急便的业务迅速增长。到 1974 年 1 月以后，日本通货膨胀结束，运输产业陷入困境，佐川急便为了寻求出路，把业务范围扩大到了首都圈。当时日本产业界提出了节省能源、节省资源、合理化、效率化等口号，佐川急便逐渐地开始利用计算机技术、电子化技术，改善物流配送效率来适应消费者不断变化的需求。1977 年，佐川急便在创业 20 周年的时候完成了日本全国物流网络的铺设。

图 6-15　佐川急便京都总部

（图片来源：佐川急便官网）

## 6.17　印度 Blue Dart 的快递 1.0 时代

1991 年 Blue Dart 公司作为 DHL 的一个分公司在印度成立，目前发展成为印度领先的国内快递公司。随着印度经济的飞速增长，Blue Dart 公司完成了印度国内网络的铺设。2005 年，Blue Dart 公司被 DHL 控股，但是仍然作为一个独立的快递公司提供快递服务。

## 6.18　印度 DTDC 的快递 1.0 时代

1990 年，DTDC 成立初期，是一个规模非常小的小包裹配送服务公司。目前，DTDC 公司在全世界拥有 10000 个分支机构。DTDC 从一个门到门的背包配送公司发展成为跨国物流公司。作为法国邮政集团的战略性合作伙伴，是法国邮政的跨国分支机构，是印度快递网络的重要组成部分。

# 第 7 章

# 世界代表性企业的快递 2.0 时代

本章会对世界上代表性快递企业的快递 2.0 时代做详细论述。这些企业分别是中国邮政速递 EMS、顺丰速运、申通快递、圆通速递、中通速递、百世快递、韵达速递、京东物流、苏宁物流、德邦快递、菜鸟网络、美国 FedEx、美国 UPS、德国 DHL、日本雅玛多运输、日本佐川急便、印度 Blue Dart、印度 DTDC。快递行业进入 2.0 时代，对快递行业的要求不单单停留在能够保质保量地进行快递经营活动。快递企业利用在快递领域建立起来的基础设施，如航空网络、公路网络和信息网络等开始为客户提供高附加值的物流服务。快递企业可以为客户提供仓储配送、流通加工、退货物流等一条龙的物流服务，快递企业还可以根据客户的实际需要为客户设计物流供应链解决方案。物流供应链成为价值链管理的核心环节，影响着制造业、零售业等产业的最优化设计。

## 7.1 中国邮政速递 EMS 的快递 2.0 时代

从 1990 年代到 2010 年代，中国邮政不断地加大物流基础设施的建设，业务范围从速递业务逐渐发展成为综合性物流服务公司。为客户提供个性化的服务和供应链解决方案服务。

1994 年 1 月 18 日，中国速递服务公司在全国首家实现邮件网上跟踪查询，从此迈入信息化时代。1995 年 11 月 26 日，中国邮政航空公司成立，是国内第一家全货运航空公司。1997 年，中国速递服务公司开办邮政代收货款业务。1999 年，中国速递服务公司发起设立万国邮联 EMS（全球特快专递）合作机构，并担任理事至今。2000年，中国速递服务公司开办直递业务，进入物流领域。2001年8月1日，中国速递服务公司开办快递包裹业务，提供陆运快递服务。2002年，中国速递服务公司与国际EMS市场最大的五个国家（地区），即中国、美国、澳大利亚、日本、韩国、中国香港邮政发起创立卡哈拉合作组织，统一国际EMS服务标准。2003年1月18日，成立中邮物流有限责任公司，成为国内最早从事合同物流的企业之一，兼营快货和国际货代业务。2003年，中国速递服务公司开通物流集散网，开办中邮快货业务和冷链物流业务。2004年，中邮物流有限责任公司开始提供VMI仓储增值服务。2004年8月19日，中国邮政航空公司开办全夜航，成为国内唯一一家夜航公司，推出一、二线城市次晨达、次日递业务。2005年7月25日，与卡哈拉合作组织成员共同推出中国、美国、澳大利亚、日本、韩国、中国香港间国际时限承诺服务。2006年5月26日，南京邮政速递物流航空集散中心正式落户南京。2006年8月3日和12月19日，邮政航空公司开通北京—韩国首尔、上海—日本大阪国际航线，实现韩国、日本主要城市次日递。2007年，合同物流服务延伸至港澳等亚太地区。2007年1月10日和8月28日，正式开办国内电子商务速递业务和经济快递业务。2008年，中国邮政进入供应链金融服务领域，开始提供Milrun巡环取货服务（Milrun，循环取货是一种物流中常用的配送模式。承运商携带须从客户返还给供应商的货物出发，依次到达每个供应商，将返还给供应商的货物卸下并装载上须从供应商处收集的货物回到客户处。）。2008年12月19日，全国速递、物流业务完成整合，中国速递服务公司变更名称为中国邮政速递物流公司。2009年，中国速递服务公司开始提供保税仓储服务。2009年2月26日，中国速递服务公司推出100个重点城市间的国内时限承诺服务。7月8日，国际承诺服务进军欧洲，推广至英国、西班牙（中国邮政官网，2021）。

2010年6月10日，中国邮政速递物流公司完成股份制改造，改制成立"中国邮政速递物流股份有限公司"。2010年12月31日，中国邮政速递物流收入突破 200 亿元大关。2011 年 11 月 25 日，中国邮政航空有限责任公司召开成立 15 周年纪念大会。邮航安全飞行 15 周年，构建全夜航快递骨干网，拥有 16 架波音 737 全货机、35 条航线，每周运行近 350 个国内、国际航班（中国邮政官网，2021）。

图 7 - 1　中国邮政航空

（图片来源：中国邮政官网）

## 7.2　顺丰速运的快递 2.0 时代

2002 年至 2007 年是顺丰速运的管理优化期。在这一时期顺丰速运成立总部，全面提升管理能力，规范网络，为客户提供更优质的服务。2008 年至 2012 年是顺丰速运的竞争领先期。顺丰速运建立自有航空公司，逐步开拓国际市场，强化快递竞争优势。这两个时期概括为顺丰速运的快递 2.0 时代。

2002 年，顺丰速运将加盟商式运营转变成自营模式运营。所有收派员都由顺丰总部统一管理，总部控制了所有系统，控制了货物的流向。而且顺丰总部统一对收派员进行客户分配，保证了客户的忠诚度。2003 年，由于"非典"，航空运价大幅下降，随着顺丰速运的快速增长，顺丰速运开始包机做快递，以低价香港件作为主打产品，顺利进入了华东地区市场乃至全国市场。2004 年，顺丰的 LOGO（商标）与"发展民族速递业"的口号同时出现。此时，顺丰意识到包机已经不能满足顺丰快速增长的货物运输的需要，开始筹建自有货运航空公司。2009 年 12 月，顺丰航空公司实现了首航，这在中国快递产业发展史上具有里程碑的意义。2011 年 8 月，民航中南局正式批复了顺丰航空公司提出的股权重组申请，顺丰速运有限公司通过增资 4 亿元，控股顺丰航空 85% 的股权。这是国内民营快递公司首次控股航空公司。依靠顺丰速运的空中航线，顺丰速运实现了全天 24 小时，全年 365 天无节假日派送，价格稍高但是也可以接受。并且顺丰速运通过一流的服务效率，卓越的服务质量和标准的客户服务流程，抵消了飞机增加的成本，顺利实现了"快速"这一快递服务品牌。

2011 年 10 月，顺丰速运携手日本 7 - 11 便利店，在深圳 100 多家便利店门店设立顺丰速运的"授权代办点"。2011 年 12 月 1 日，顺丰速运再次联手广州 8 字连锁便利店，在快递业务方面开展合作。此后，2013 年顺丰速运与南京的苏果便利店达成合作意向，利用苏果便利店的网络优势开展快递代收业务合作。同时，顺丰于 2011 年在深圳开设了第一家顺丰便利店，到 2013 年已经有近百家顺丰便利店，主要分布在广州和深圳等城市。除了常规的便利店服务外，还提供自寄自取等快递服务，并提供送货上门服务。2014 年，顺丰速运尝试开展嘿客便利店来解决快递一公里的问题。2012 年 5 月 31 日，顺丰优选正式上线，特色经济产品开通全国配送。

图 7 - 2　标有顺丰 LOGO 的车辆和飞机

（图片来源：顺丰速运官网）

# 7.3 申通快递的快递 2.0 时代

2016 年，申通快递在深交所上市。2017 年，申通快递与匈牙利布达佩斯机场集团，以及欧洲领先物流企业 EKOL LOGISTICS 共同签署战略合作谅解备忘录，共同打造"一带一路"中欧国际转运中心。2018 年，中国民营快递冠名的首辆高铁列车——"申通快递号"正式开动，全面开启了申通快递的品牌营销新模式。2019 年，申通快递与阿里巴巴集团、菜鸟开启合作新征程，双方围绕全链路数字化升级、国内国际供应链业务、末端网络优化等方面形成全面深度合作。2020 年"双 11"前，申通快递宣布将全站业务搬迁至阿里云，成为快递行业首个全站业务使用公有云的企业；申通首家实现"预售下沉"服务模式升级，为商家提供更短链物流解决方案；申通快递"C2M"物流解决方案落地，搭建新仓配一体物流解决方案。2020 年，申通快递启动全新"过年不打烊"服务，且多项服务指标通达排名首位。随着中国快递市场的发展，申通快递在提供传统快递服务的同时，不断积极开拓新兴业务，为客户提供仓储、配送、系统、客服等 B2C 一站式物流服务、代收货款、贵重物品通道、冷链运输等服务，在国内建立了庞大的信息采集、市场开发、物流配送、快件收派等业务机构。与此同时，申通快递还积极投入建设全球海外仓服务体系，为全球跨境电商提供运输、清关、仓储管理、库存管控、订单处理、物流配送和信息反馈等一条龙供应链服务。目前，申通国际业务已经拓展至美国、俄罗斯、澳大利亚、加拿大、韩国、日本、新西兰、印度尼西亚、尼泊尔、英国、荷兰、欧洲、马来西亚、泰国、孟加拉等国家（申通快递官网，2021）。

**图 7 - 3  申通快递的新仓配一体物流解决方案**

（图片来源：申通快递官网）

# 7.4  圆通速递的快递 2.0 时代

截至 2020 年 12 月，圆通速递全网拥有分公司 4600 多家，服务网点和终端门店 7 万多个，各类转运中心 133 个，员工 45 万余人，快递服务网络覆盖全国 31 个省、自治区和直辖市，县级以上城市已基本实现全覆盖。圆通航空成立于 2015 年 6 月，是长三角地区唯一一家快递企业旗下的航空货运企业。目前拥有自有全货机 12 架，累计开通国内、国际航线 97 条。圆通国际化布局随着"一带一路"走出去、随着跨境电商走出去、随着华人华企走出去。2017 年 11 月，圆通战略并购香港上市公司先达国际，完成快递行业首例大规模跨境并购。目前，圆通国际网络覆盖 6 大洲，150 多个国家和地区，在 18 个国家和地区设立 48 个分公司及办事处，全球加盟及代理商 522 个（圆通速递官网，2021）。

图 7-4 圆通航空

（图片来源：圆通速递官网）

## 7.5 中通快递的快递 2.0 时代

目前，中通快递已经发展成为一家以快递为核心业务，集跨境、快运、商业、云仓、航空、金融、智能、传媒、冷链等生态版块于一体的综合物流服务企业。

2003 年，中通快递开始普及信息化系统，同年 10 月 1 日官网正式上线。2004 年，中通北京公司成立，形成以上海、广东、北京三地为中心，辐射全国的网络型业务格局。2005 年，中通快递率先开通跨省网络班车。2007 年，中通主干线网络车辆推广安装 GPS 全球卫星定位系统；为快递员配备 PDA 手持终端设备。2008 年，中通快递率先在行业内推出有偿派费制，并优化二级中转费结算体系，实现从手工结算向系统自动化结算转变。同年，全网承接淘宝业务，开展电子商务配送。2010 年，中通快递启动"全网一体化"发展战略，在行业率先成功完成全国网络股份制改革。2020 年，中通快递全年业务量突破 170 亿件，同比增长超 40%。截至 2020 年 12 月 31 日，全网服务网点近 30000 个，转运中心 94 个，直接网络合作伙伴超过 5350 家，干线运输车辆超过 10450 辆（其中超 7900 辆为高运力甩挂车），干线运输线路约 3600 条，网络通达 99% 以上的区县，乡镇覆盖率超过92%。中通快递先后在中国台港澳地区、美国、法国、德国、日本、韩国、新西兰、迪拜、马来西亚等地设立中转仓，同时推出欧盟专线、美国专线、日韩专线、新澳专线、东盟专线、中东专线、非洲专线及全球其他国家专线的包裹寄递、物流配送及其相关业务。

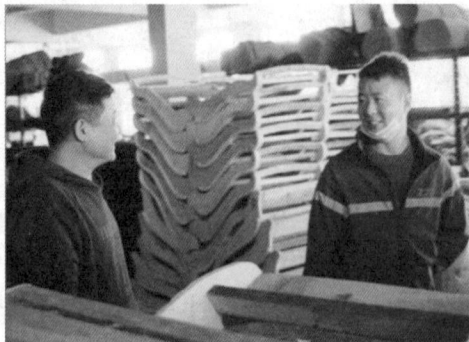

**图7-5    中通快递为制造业量身打造物流解决方案**

(图片来源：中通快递官网)

# 7.6  百世快递的快递2.0时代

2012年3月，百世集团自主研发的快递管理系统（Q9）成功上线。同年9月正式启动"百世汇通海宁呼叫中心"建设项目，呼叫中心在12月28日正式上线，400服务热线也随之全面开通。2012年，百世汇通继续推进网络直营工作，全年先后对北京、天津、云南、河南、福建、四川、贵州、吉林、山西等21个省、市进行直营。同年，百世汇通新建、扩建了一级、二级、三级及市内转运中心达70多个，大大完善了百世汇通的全网中转布局，提升了全网快件时效。全网汽运干线班车线路达到1000余条，网络运输班车数量同比增加超过100%。

2013年5月，百世汇通与日本快递巨头雅玛多（中国）运输有限公司在中国快递行业（国际）发展大会上正式签署战略合作协议。7月，百世汇通智能微信服务平台上线。10月起，"风暴分拣"——自动化信息分拣系统相继在 15 个分拨中心启动运作，充分展示了百世汇通"数字化快递网络"的内在实力。

2014 年 3 月 26 日，百世汇通微信服务平台下单功能正式上线。4 月 7 日，百世汇通 24 小时智能快递柜在北京、上海试点运行。7 月，百世汇通正式入驻澳门拓境外业务。9 月，自主研发的自动分拣流水线系统上线，小件处理能力达到 7200 件/小时，错分率不到十万分之一。10 月，中国重汽首批 50 辆 M5G 天然气厢车交付百世汇通使用，开启了清洁能源车辆的率先使用。11 月，百世汇通开展"大红袋保护计划"，将 800 万大红袋包装的包裹传递给消费者，期间每个包裹将由百世公益代消费者捐赠一份爱心给壹基金"海洋天堂计划"关爱自闭症儿童。

2015 年 5 月 18 日，百世汇通上门洗衣服务品牌"优乐洗"初版首次发布上线，一个月后上海地区进入正式运营期。6 月，快递末端 100 米社区增值服务"百世邻里"，三只熊猫的品牌形象诞生。百世汇通官网百世邻里服务点查询及星火系统同步上线。9 月，百世汇通快递全国开通 COD（代收货款）业务，可以全国揽派（除青海西藏两省），目前已有近 1 万 6 千个站点遍布全国。11 月，"双 11"百世汇通母公司百世集团整体业绩破 3000 万单，快递业务破 2500 万单，同期增长 2.8 倍，快递品牌进入快递产业第一梯队（百世快递官网，2021）。

图 7 - 6　百世汇通微信服务平台

（图片来源：百世快递官网）

# 7.7 韵达速递的快递2.0时代

2009年到2012年是韵达速递的快速发展期。韵达速递坚持以客户为中心，以市场为导向，丰富客户产品，便利客户需求。2012年到2015年是韵达速递的服务提升期。韵达速递依靠科技的力量，向下、向西、向外，完善全球网络布局，提升客户体验。

"互联网＋"时代，快递产业加速了跨界融合。韵达速递成立快运事业部，逐步向综合物流供应商转型。快递产业重点聚焦电子商务、制造业等领域，仓配一体化、待收货款、供应链管理等业务种类发展。"一带一路"倡议下，韵达速递加速拓展海外市场。中欧班列运输快件促进了快递企业在全球的网络布局，韵达速递的国际物流、海外仓等业务得到了发展。

**图7－7　韵达速递的物流信息系统**

（图片来源：韵达速递官网）

# 7.8 京东物流的快递2.0时代

2010年，京东自主研发的仓储管理系统（WMS）正式上线，京东开启物流管理信息时代，在全球率先推出当日达（211限时达）服务，成为电商物流配送服务标杆。2011 年，京东履约订单量突破 1 个亿。2012 年，京东正式注册物流公司。同年"青龙系统"上线，京东物流实现商品从发货到收货物流配送全链条信息管理。2013 年，京东物流自建物流网络覆盖全国 1000 个区县（京东物流官网，2021）。

图 7-8  京东物流仓库

（图片来源：京东物流官网）

## 7.9  苏宁物流的快递 2.0 时代

2015 年 1 月，苏宁物流集团正式成立，物流云全面对外开放。2016 年 1 月，第五代智慧物流基地苏宁云仓正式运营。2016 年 12 月，苏宁收购天天快递，强化苏宁物流"最后一公里"配送能力。

苏宁快递秉承"有速度、有温度、有风度"的三度原则，提供标准的门到门、全天候服务，末端服务覆盖全国 98% 以上城市和乡村，拥有行业产品体系，半日达、准时达、次日达、预约送、承诺达、大件送装一体，并提供多样化的最后 100 米服务，涵盖社区配送、社区自提、门店自提、智能自提柜。苏宁快递结合线上、线下融合的模式，打造围绕与用户日常生活相关的即时服务模式，提供即时物流、家政服务、家电清洗等服务。

同时，充分利用苏宁、天天网络优势，为商户提供直径 3 公里商圈内的多场景即时、准时、定时达的配送服务。例如：商超、百货、鲜花、餐饮、生鲜等业务。

苏宁物流已经完成了向综合型物流服务提供商的转型。苏宁物流提供包括科学分仓、库存共享、多仓备货的仓配服务。苏宁物流提供包括电器、数码、快消、大件产品的仓配管理解决方案苏宁 TC 转运服务，是苏宁物流为供应商或代理商出入苏宁库房的货物提供的绿色服务。服务的内容包括上门提货、出入仓手续代理办理，解决供应商或代理商办理出入仓问题。苏宁物流已完成日本、韩国、美国及中国台湾、中国香港等海外仓建设，并正筹建欧洲、澳大利亚、新西兰等海外仓，已开通杭州、广州、郑州、上海、天津、宁波口岸，并设立保税仓，同时拥有美国—杭州、韩国—广州、澳洲—郑州、中国香港—广州等 10 条国际航线，满足不同的一般贸易及跨境零售业务。

苏宁供应链以深度覆盖网、充足资源池、强大 IT 支持为优势提供一体化产品解决方案，大数据精准管理。面向供应商、平台商户、社会客户提供工厂到仓、经销商、门店和消费者的全链路供应链物流解决方案，专注服务仓配客户，为客户提供物流区域、活动、季节等多种分仓模式，提供全生命周期和灵活的时效管理，主推客户的品牌价值提升，并提升消费者购物体验，全面支持客户的业务拓展（苏宁物流官网，2021）。

农村电商的发展促使物流行业不断向下渗透。苏宁物流为全国大部分农村地区用户提供寄件、配送、送装一体等多种服务，助力农村消费升级。依托苏宁在县镇市场推出的"零售云"和苏宁帮客家，苏宁物流与这两大新业态实现共享仓储与配送，提供包括"配、揽、装、修、销"等在内的五位一体的服务体验，提升县镇市场农村用户的购物体验。

图 7－9　苏宁南京溧水保税仓

（图片来源：苏宁物流官网）

# 7.10　德邦快递的快递 2.0 时代

2008 年，德邦快递推行物流标准化理念，店面、管理、流程、数据全部实现标准化操作，实现物流网点在全国快速复制，引领物流行业由散乱格局走向标准化管理模式。同时，自主研发的第三代信息系统——ERP 系统上线，同时满足汽运、空运业务快速增长的需要。

在此期间，德邦在中国大件快递市场奠定了坚实的基础，并逐渐转型为一家以大件快递为主力，联动快递、物流、跨境、仓储与供应链的综合性物流供应商。

2009 年，德邦快递总部搬迁至上海，德邦快递由区域性公司向全国性公司发展迈出关键一步。同年，德邦快递电子地图系统上线，实现货物动态实时同步可追踪。通过对 LBS 技术的持续升级，自主研发出"智慧收派系统"，能够有效规划管理快递员派送轨迹，提升末端效能。

2010 年，德邦全年 26.2 亿元的营业收入，成为中国公路零担物流领域的龙头企业。2011年，德邦拉萨营业部的成立，标志着德邦全面完成在中国大陆地区的网络布局。11月，德邦快递业务正式上线，旗下明星产品"3.60特惠件"作为大件快递的雏形迅速赢得市场认可。这一年，德邦成功研发具有自主知识产权的第四代营运系统——FOSS系统。

2015年，正式进军仓储与供应链业务，标志着德邦向综合性物流再次迈出关键一步。同年德邦启动"事业合伙人"战略，将网络向乡镇区域布局，目前，实现全国乡镇网络覆盖率达94%。2016年，德邦正式开启跨境业务，为客户提供陆、海、空多式联运服务，提供跨境一体化解决方案，为中国商品出海保驾护航。同年，德邦与空军后勤部签署战略协议，承接特需物流。同时，德邦参与民航国企混改，入股东航物流。通过整合航空运力，提升快递业务发展，助推跨境物流发展（德邦快递官网，2021）。

图7-10　德邦物流在运输货物

（图片来源：德邦物流官网）

# 7.11　菜鸟物流的快递2.0时代

2013年5月，菜鸟智慧物流有限公司成立。2014年5月，电子面单正式上线，提速物流发货效率30%以上。2015年6月，菜鸟物流携快递公司推出智能分单，分拣效率提升50%，12月，菜鸟正式推出中国首个物流云平台。2016年5月，菜鸟公布"E.T物流实验室"研发进展，物流机器人曝光，6 月，菜鸟物流与全球 32 家物流合作伙伴启动物流"绿色行动计划"。2017 年 9 月，阿里巴巴增持并控股菜鸟，正式开始建设全球智慧物流网络。

菜鸟扎根在物流产业，把物流产业的运营、场景、设施和互联网技术做深度融合，坚持数智创新、开拓增量、普惠服务和开放共赢。以科技创新为核心，菜鸟在社区服务、全球物流、智慧供应链等领域建立了新赛道，为消费者和商家提供普惠优质服务，搭建了领先的全球化物流网络。菜鸟致力于做一家服务国计民生的好公司，将长期投入为实体经济降本增效，保障民生流通，稳就业促增收，让物流更加绿色可持续。

图 7-11  菜鸟机器人

（图片来源：菜鸟官网）

## 7.12  美国 FedEx 的快递 2.0 时代

1971 年 FedEx 成立，并于 1973 年 4 月 17 日开始连续营业。1973 年 4 月 17 日，FedEx 营业的第一天夜间，就启动了 14 架货运飞机，同时从孟菲斯国际机场起飞，向美国 25 个城市，配送了 186 件货物，这些货物都于第二天准时配送到客户手中。1975 年 7 月，虽然还没有实现赢利，但是经营状况开始出现好转，FedEx 已经成为美国配送速度最快的快递公司。1977 年，FedEx 年度经营收入突破 1 亿美元。1981 年，FedEx 的营业收入高居美国航空货运公司的首位。1983 年，FedEx 获准在全美境内提供速递服务。1984 年，FedEx 成功地收购了位于明尼苏达州明尼阿波利斯的吉尔科快递公司，完成自创立以来的一次收购行动。同年，FedEx 在欧洲和亚太地区提供国际速递服务，并且开始向中国提供出口快递服务，FedEx 正式进入中国市场。1985 年，FedEx 在比利时布鲁塞尔机场投入运营一个分拣中心，标志着 FedEx 向欧洲市场扩展服务方面迈出了重要一步。同年，FedEx 开通了第一个去欧洲的定期航班。1986 年，FedEx 在美国加利福尼亚州的奥克兰市和新泽西州的纽瓦克分别投入运营了两处分拣中心，继续巩固美国国内快递市场的地位。1988 年，FedEx 开通直航日本的货运快递业务。1989 年 8 月，FedEx 收购了其最大的竞争对手飞虎国际公司，继续拓展其快递网络。1995 年，FedEx 在菲律宾苏比克湾建立了亚太转运中心，连接起亚洲地区 18 个主要经济与金融中心，成为亚太地区最具规模的航空快递枢纽。1998 年，FedEx 通过收购 Roadway（RPS）包裹公司进入普通包裹运输市场。1999 年 9 月，FedEx 在法国巴黎设立了转运中心。2000 年 3 月，FedEx 宣布与美国邮政展开竞争，拓展住户住址直接投递市场。同年，FedEx 与金考及金考下属的网络部 Kinko's.com 宣布结成战略合作伙伴关系，为客户提供同天和第二天文件印刷、制作和运输服务。2002 年，FedEx 与德国邮政包裹投递公司进行合作，FedEx 的业务网络拓展到了欧洲的各个国家和地区。同年 9 月，FedEx 升级其运输货机来加强来往欧洲和亚太地区的快递业务。2004 年，FedEx 与柯达公司达成协议，在中国的柯达快速彩色店设立联邦快递"自助服务专柜"。同年 2 月，FedEx 完成了对金考的收购，金考成为 FedEx 的子公司。同年 3 月，FedEx 推出了亚洲与希腊之间的全新货运航班，特别开设直航航班，以持续加强欧洲与亚洲之间的快递业务。

FedEx 在物流综合服务领域也持续发力，采取了很多措施来整合其物流领域的业务。FedEx 不断地整合公司的物流体系，通过设立多家子公司为客户提供综合型物流供应链管理服务，通过对商流、物流、信息流和资金流的综合管控，为客户提供全方位一体化的供应链解决方案。FedEx 的物流部门包括 FedEx Express（FedEx 空运），还拥有 FedEx Freight（FedEx 货运）、FedEx Ground（FedEx 地运）、FedEx Trade Networks（FedEx 商务网络，提供全方位高效率的清关服务，为客户进行贸易咨询）和 FedEx Custom Critical（FedEx，在客户需要的任何时间，提供特殊的紧急运输服务）。

FedEx 有一套完善的信息管理系统。首先，FedEx 有一系列的自动化软件，如 Power Ship、FedEx Ship 和 FedEx Inter Net Ship。利用这套系统，FedEx 的客户可以追踪包裹并确认包裹运输的路线、所在的位置、维护寄送清单、追踪快递寄送记录、合理地安排取货日期等。

利用这套系统，FedEx 可以预先了解到客户的寄送货意向，并且提前进行货舱航班的安排调派，进行物流的整合。FedEx 专门设立了呼叫中心来了解客户的需求。作为 FedEx 接触客户的第一媒介，呼叫中心的员工经过严格的训练才能够正式接听客户来电。FedEx 通过倾听客户的诉求就可以及时了解客户的动向，为客户提供有针对性的、个性化的服务。

FedEx 的客户服务在线作业系统（Customer Operation Service Master On-line System，COSMOS）起源于 20 世纪 80 年代，FedEx 受到航空业的电脑定位系统的启发，进行自主研发了 COSMOS 系统。COSMOS 系统具有主动跟踪、状态信息显示等重要功能。根据网络提供的信息，客户可以对商品交易的全过程进行管控。当客户输入"提货"指令时，管理员将会从系统中得到客户指定的提货时间和地点，然后会将商品上的条形码扫入手持系统中，记录下该商品已经被提走。FedEx 的其他工作人员将以系统记录为依据，追踪货品装运，直到运抵客户的全过程。FedEx 对"FEDEX COSMOS"不断地投入大量资金加以改进，从客户选择方式和跟踪输入开始，直到集配中心的分货作业、飞机与车辆组配等所有作业，都依靠 COSMOS 实现了全部自动化。1990 年代，FedEx 正式启动 FedEx 网站（www.fedex.com），这是 FedEx 与客户进行信息沟通交流的另外一个重要渠道。FedEx 还将 COSMOS 与万维网（www.fedex.com）连接起来，提高与客户的沟通交流效率。

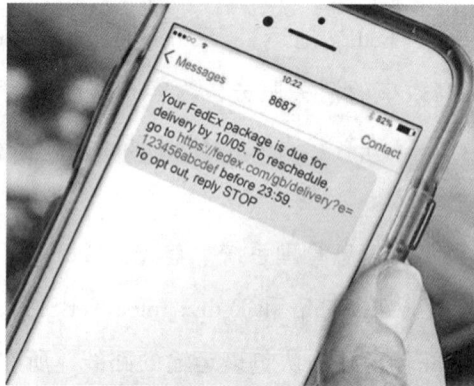

图 7 – 12　FedEx 的物流信息管理系统

（图片来源：FedEx 官网）

## 7.13　美国 UPS 的快递 2.0 时代

1981 年，UPS 购买了第一架飞机用于空运快递包裹服务。1985 年，UPS 开始了美国与六个欧洲国家之间的国际空运服务。1988 年，UPS 获得授权可以用自己的飞机承运货物，UPS 正式成为一家航空货运公司。1989 年，UPS 将国际特快服务扩展到 104 个国家或地区，国际小包过快递业务拓展到 175 个国家或地区。1990 年，UPS 开始了美国到亚洲的定期航班提供快递服务。1992 年，UPS 利用其物流信息系统对所有陆运包裹进行信息追踪。1992 年，UPS 的业务范围拓展到超过 200 个国家和地区，每天为 100 多万固定客户递送 1150 万件包裹与文档。1993 年，UPS 物流集团成立，开始为世界范围内的客户提供全球供应链管理解决方案。1994 年，

UPS. com 投入使用。1996 年，UPS 在线包裹追踪软件使得一个客户能够一次追踪多达 100 件包裹。2000 年，UPS 增加了在任一无线数字设备上增加计算费率和查找货件运输时间的能力。客户可以单向或双向文本消息传递或者支持网络的电话、个人数字助理、寻呼机或者其他普通无线设备获得这些服务。2001 年，UPS 与中国企业合作开启了直飞中国的航班。2002 年，UPS 坐落在菲律宾的新的亚洲区中转站开始运行。2003 年，UPS 宣布推出新的企业标志。2006 年，UPS 成为 2008 年北京奥运会的物流承包商。2010 年，UPS 开始拓展中国大陆国内快递业务。

UPS 运输网络。1985 年，UPS 把隔日航空配送网络拓展到了美国全国 48 个州。同年，UPS 和欧洲的 6 个国家签订了国际航空运输协议。1988 年，UPS 从美国联邦航空局取得了自营飞机运输许可，正式成为航空货运公司，航空运输业务持续扩大。1989 年，UPS 开始在德国国内从事航空运输业务。

UPS 物流信息系统。1992 年，UPS 开始对所有的陆上运输货物进行物流追踪。1994 年，UPS. com 系统开始向消费者提供运输途中的货物信息。1995 年，UPS 在公司的主页上开始提供货物追踪系统功能。在 UPS 的管理理论中，人们只要具有出库和货物追踪系统的专门知识，就可以在国际商务中取得成功，因为 UPS 在商务贸易当中完成了 3 个流动，即货物、信息和资本流动的统一。UPS 航空货运开发了 "COMPASS"（Computerized Operation Monitoring Planning & Scheduling System）这种先进的运航信息系统。这种 COMPASS 系统从运航计划开始到运航日程设计、路线选择为止可以自动地计算出最有效的方法，甚至提前 6 年就可以把运航计划给设计出来。通过 UPS 的货物追踪系统 Flex Global View 输入出货单的编号，跨国企业就可以知道运输公司的名称及货物配送时配送员的署名等货物单据的详细信息。为了保证货物顺利地通过国界，跨国企业可以运用 UPS 的供应链解决方案的通关服务，通过这种服务系统可以及时获得海关出具的所有通关信息。UPS 的供应链解决方案的供应商管理服务，可以对收货方的订单状况全程进行监控。为了便于收货方的管理，该管理服务可以设置重要业绩评级指标，追踪供应商的供货活动，并且可以做比较。在库管理。通过 Flex Global View 系统跨国企业可以对保管货架的剩余货物和卖出货物数量进行追踪。通过对 UPS 的资财管理和在库管理配送活动的灵活运用，跨国企业可以对物流中心的在库进行监控，可以更加有效地下订单，并且减少在库过剩情况的发生。支持小企业发展的物流解决方案。为了支持小企业特别是网络零售企业的发展，UPS 提供专门知识使小企业的业务流程合理化，改善客户体验，并且支持小企业的国际贸易成长。利用 UPS 值得信赖的高度运输服务、网上货物出库、追踪功能可以实现非常高的客户满意度。UPS 还提供退货流程合理化、在库产品最大限度地盘活利用等供应链解决方案。

UPS 的兼并并购战略。UPS 通过兼并重组开始提供供应链解决方案。1995 年，UPS 物流集团设立，提供全球供应链解决方案和咨询服务。同年，UPS 兼并了 SonicAir，开始提供次日配送业务。1988 年成立 UPS Capital 公司提供综合型的金融产品和服务。2001 年，UPS 兼并了世界上最大的商务连锁便利店 MailBox Etc，开始了零售商业业务。之后，在两年内实现了 3000 家所有便利店改称为 The UPS Store，并且提供有竞争力的 UPS 运输服务价格。

UPS 的供应链解决方案业务。全世界范围内的小件货物和运输系统的物流追踪系统作业并不是很容易。但是，随着跨国企业全球化生产的趋势，生产企业越来越要求能够在需要的时候可以简单地、随时地拿到自己需要的零部件。针对世界规模的零部件出入库作业和供应链管理非常繁杂的场合，UPS 供应链解决方案的 Flex Global View 系统可以发挥其强大的作用。多种运输方式灵活运用的场合也可以准确地把握物流整体的状况，及时地获取情报，支持客户的需要，在激烈的竞争中把握住了商业机会。利用 UPS 的供应链解决方案系统，生产企业可以在出库及吨公里等重要的时间、地点准确地把握住信息并且做灵活的应对工作。

　　UPS 的供应链金融。UPS 是一家很全面的公司，除了传统的包裹业务外，还拥有 UPS 物流集团及 UPS 金融中心，是综合型供应链管理公司。1993 年，UPS 推出以全球物流为名的供应链管理服务。1998 年，通过收购美国的一家银行，UPS Capital 成立了。2002 年成立 UPS 供应链解决方案公司，UPS 为大型进货商和众多供应商提供物流服务，而 UPS Capital 以此切入物流与商贸链条，为供应商提供存货质押、应收账款质押等供应链金融服务，并在之后逐步将业务拓展至信用保险、中小企业贷款、货物保险等其他相关金融服务。UPS 在其开展的物流金融服务中，兼有物流供应商和银行的重要角色。2002 年，UPS Capital 与中国数家银行合作，推出"UPS 全球供应链金融方案"，依托企业稳定的经营能力和良好的信誉度，依托上下游合作伙伴的库存质押或是应收账款质押来提供融资服务。UPS Capital 是物流企业主导的供应链金融服务，其凭借它在产业链中所处的优势地位，整体把控上下游的价格、订单、货物等关键信息，并结合自身或金融机构的资本优势开展供应链金融业务。

**图 7 - 13　UPS 航空快递**

（图片来源：UPS 官网）

# 7.14　德国 DHL 的快递 2.0 时代

　　1999 年，DHL 亚太区开展了"和谐管理项目"，对 DHL 亚太各国家、地区的作业及客户服务情况进行了调查和研究。基于搜集到的信息，DHL

推行了"标准化管理项目"进一步统一了亚太各国和地区之间从最初取件到最终派送的作业流程。标准化管理使快递的各个环节衔接得更加紧密和谐，从而保证了客户在各地都可以得到 DHL 标准化、统一化的高品质待遇。

2003 年 6 月，DHL 开通了上海至香港的"亚洲午夜快递"服务项目，上海至香港的截件时间将延迟到下午 5 时 30 分，长江三角洲地区各大城市的货件截件时间也相应延长。货物在当日最晚截件时间收取后，即可到达 DHL 香港转运中心，次日即可进行派送。或者连夜从 DHL 香港的亚洲转运中心即时发往台北、东京大阪、汉城等各大城市。

贸易自动服务（TAS）网上平台，利用 DHL 在物流领域积累的经验和技术，为客户提供清关服务。贸易自动服务提供全球主要国家与地区的贸易与清关资料，计算货件的总抵岸费，编制进出口文件，并根据政府的禁运和制裁名单核对送件人或收件人，以及比较通关货件的进出口清关费用与规例，方便客户做出明智的采购决定。贸易自动服务还包括灵活的进出口付运时间和地点，长达三天的进出口货件免费仓储服务以及全球货件追踪服务。

DHL 网上发件是 DHL 基于互联网开发的一个创新的在线快件处理系统。客户只要登录 DHL 的中文网站（www.cn.dhl.com），发件系统就会自动引导使用者完成从制作运单、通关文件到预约取件及跟踪快件等多项操作。"DHL 短信跟踪"服务，无论何时何地，客户只在短信中输入运单号码，并发到中外运——敦豪短信跟踪服务的指定号码即刻就能够查询快件的最新信息。

2002 年年初，德国邮政全球网络通过收购成为 DHL 的主要股东，这让 DHL 的发展进入了一个全新的时代。2002 年年底，DHL 已经 100% 由德国邮政全球网络拥有。2003 年，德国邮政全球网络将其下属所有的快递和物流业务整合至单一品牌 DHL。2005 年 12 月，德国邮政全球网络并购英国著名物流公司 Exel 的举措进一步巩固了 DHL 的品牌，整合后 DHL 的专业服务来自由德国邮政全球网络收购的几家公司，包括 Exel、德国邮政欧洲快递、丹沙、AEI 等。

2005 年 9 月 19 日，德国邮政宣布收购 Exel。这是德国邮政历史上最大规模的一次并购，也给全球物流格局带来了深刻的影响。收购了 Exel 的DHL 开始了全面的业务整合。英国老牌物流公司 Exel 在中国的客户以消费电子、工业及医疗保健产品为主，偶有涉足快消品领域，操作的也是诸如进口奶粉等价格高的品类。Exel 介入的领域，都是那些对服务要求较高、操作难度大，同时利润丰厚的行业。在这些领域，Exel 的竞争优势是中国民营物流企业完全无法取代的。Exel 的高附加价值业务和物流解决方案为DHL 拓展全球领域的物流解决方案又注入了一针强心剂。

2018 年 10 月 26 日，顺丰控股发布公告全资子公司顺丰香港拟以 55亿元现金收购 DHL 的在华供应链业务，涉及敦豪香港和敦豪北京 100% 的股权。根据公告，德邮控股、DHLSCM、顺丰香港、敦豪北京、敦豪香港还签署了《供应链战略合作协议》。协议规定初始合作期限为交割日后 10年，各方可约定再延长 10 年或其他期限。

**图 7 - 14　DHL 的运输与配送**

（图片来源：DHL 官网）

## 7.15　日本雅玛多运输的快递 2.0 时代

2002 年 5 月，雅玛多运输提出了"快递网络再构筑"计划，开始增设快递网点，更加细致地、亲密地提供客户服务。它通过快递员与客户的面对面的服务来改善服务，追求"客户第一"。到 2003 年，雅玛多运输开始了"快递中心制度"，计划展开 5000 家店铺的网络，以能够在最近的距离提供给客户亲和型的服务。随着店铺数量的增加，相关人员就变得越来越多，因此信息系统的完善是非常必要的。雅玛多运输快递的信息系统连接了全国 5 万人的快递员、各分拣中心、主管支店之间的网络。快递员在取货点实时地把数据输入系统，新的信息系统可以进行外部的查询、货物的追踪、配送全过程的数据储存和保存。雅玛多运输利用物流信息网络可以受理货物和配送，并对货物进行 24 小时实时追踪。另外，货物到达后，雅玛多运输可以向客户发送"送货通知"。客户看到送货通知，还可以改变货物的配送时间段，减少了快递员再配送的麻烦。

1974 年，雅玛多运输将"NEKO 整体系统"利用到了快递服务中，提高了快递服务的质量。1980 年，网上快递货物追踪系统形成，称为"新NEKO 系统"。1985 年，雅玛多运输开始应用 MCA 无线集货指令系统，1987 年，给每个快递员都配备了无线终端，缩短了录入数据的时间，被称为"第 3 次 NEKO 系统"。1989 年，专用手持终端可以控制从收货到配送的六个程序，即高度的货物追踪系统"NEXT"。1991 年，全国的雅玛多运输网络形成。1994 年，快递员可以在客户处用 IC 卡进行数据输入，被称为"第 4 次 NEKO 系统"。雅玛多运输的快递业务系统包括从家庭收货的"收货系统"、货物在各个基地之间运输的"干线运输系统"、货物向家庭配送的"配送系统"，以及在各个阶段产生的数据的处理"信息系统"。2000 年，雅玛多运输开发了第五次 NEKO 系统。该系统最大的特点是开放性，具体来说是 EDI 服务和适应网络。所有的数据实现了电子化，并且通过网络传递，提高了大件客户的作业效率，为网络零售商提供了个性化的物流解决方案。

雅玛多运输逐渐地开发海外市场。第一阶段：1990 年以前，随着制造业海外拓展、货代业务的需要，雅玛多运输开始进入美国、欧洲、亚洲市场。第二阶段：1991 年至 2010 年，快递业务刚开始的时候，同时在中国台湾展开配送业务。第三阶段：从 2010 年开始，在中国上海、新加坡、中国香港、马来西亚各地，开始展开亚洲各国的快递业务。2019 年，在中国、韩国、东盟开始展开海外 10 个国家的业务。

羽田机场的雅玛多物流分拣中心是日本国内规模最大的物流中心，位于羽田机场附近，可以处理东京港、横滨港、东京站的货物及来自日本各地和世界各地的货物，货物从入库到出库全部实现自动化处理。这里不仅可以处理货物快速，而且可以提供高附加值的服务，如医疗器械的清洗和保养等。

图 7－15　雅玛多运输的羽田机场分拣中心

（图片来源：雅玛多运输官网）

## 7.16　日本佐川急便的快递 2.0 时代

20 世纪 70 年代末，佐川急便集团开始迈向综合物流业的道路，其中代表性的案例就是 1979 年 11 月，在大阪、福冈、名古屋、东京开始的"衣架运送"服务。就是针对服装企业，佐川急便可以以挂在衣架上的状态进行货物配送，并且在大阪和东京设立了保管仓库，开始了运送加保管的综合物流运输服务。1985 年，佐川急便流通中心竣工，可以利用全国的物流网络为客户提供收货、流通加工和配送等综合物流服务；利用大型的中央计算机处理器，通过二维码控制服装商品的在库、出库和配送管理；向客户提供运输、在库、店内零售等信息，为客户的商品开发和生产计划提供支持。此外，佐川急便的 24 小时出入库体制、在线控制集团的行动，以及包装、检品、分拣、货物的订单等从加工到采购一体化系统形成。这一年也被称为佐川急便的"综合物流元年"。以线上网络为基础，佐川急便向"中央处理器事业"进军。

1990 年 12 月，日本政府开始实行"物流二法"，这个时候以小件商业货物起家的佐川急便并没有开始快递业务。1991 年，佐川急便事件（东京佐川急便勾结黑社会案）曝光，佐川急便公司急于应对危机，无暇顾及快递市场。在此期间，日本快递市场迅速地发展起来。直到 1997 年 10 月 22 日，佐川急便开始递送了快递运费申请项目；1998 年 3 月 21 日，开始了快递业务，设立了合理合法的包括运费、客户及快递员各方面容易理解的快递体系，开始了佐川急便的第二次创业，即向快递领域的进军。佐川急便主要的业务领域就是零库存背景下少量在库、多频率小件化背景下的商业客户，他们对佐川急便给予了很大的信任。另外，顺应网上零售开始的 B2C 业务也顺利地展开了。此外就是物流业务，从 1980 年开始，佐川急便开始在日本全国主要都市设置佐川流通中心，开始了各种各样的流通加工服务。佐川急便的各个业务公司自主经营，成为自负盈亏的组织。佐川急便总公司则致力于扩大公司的业务，牢固自己公司的业务基盘。佐川急便采取直行方式来缩短运输时间。佐川急便的物流据点只有 335 个地方，是非常少的。所以要依靠快递员来拓展配送领域，利用这种方式来缩减成本。

佐川急便放弃 C2C 领域，在 B2B、B2C 领域里深耕细作。佐川急便的第三方物流业务，就是最大限度地利用了佐川急便的公司自营网络，接受客户的物流外包业务。另外，佐川急便积极地拓展国际物流网络。

佐川急便在 1977 年完成新的集散中心，导入了当时最先进的信息系统；1978 年 8 月，佐川急便开发出了货物追踪系统，形成远距离次日配送服务；1979 年，开始了小件货物航空运输业务，导入了大型分拣机器，并且开始利用计算机进行货物追踪；1982 年，导入 MCA 无线系统来调动车辆。开发佐川计算机系统，开始线上系统；1985 年导入了手持终端，1999年，可以利用网络进行货物追踪。1980 年，佐川急便在全国主要都市设置了佐川流通中心，受理各种各样的物流外包业务；2000 年，开始运行网络销售结算系统；2001 年，开发了网络销售出货支援系统；2002 年，开始了新路线管理系统；2006 年，开始了快递的干线运送温度管理系统等。

图 7 - 16　佐川急便东大阪营业所

（图片来源：佐川急便官网）

## 7.17　印度 Blue Dart 的快递 2.0 时代

1996 年，Blue Dart 运营了公司第一架自己的飞机。2005 年 DHL 入股了 Blue Dart 公司。Blue Dart 拥有印度最广泛的国内网络，并可以通过 DHL 集团为全世界 220 个国家和地区提供快递服务。印度占全球增长的 15% 左右，Blue Dart 的市场领先地位在这个快速发展的环境中为客户提供了优质的快递物流服务。作为印度知名的运输和物流服务品牌，Blue Dart 的定价较高，但是卖家可以讨价还价。Blue Dart 的主要业务是货运航空运输。

Blue Dart 的快递服务因按时交付且没有任何损坏而得到广泛认可。Blue Dart 在印度国内首屈一指的快递系统和网络，为 DHL 电子商务区域性发展新模式的实施打下良好基础。

**图 7-17　印度 Blue Dart 快递公司**

（图片来源：印度 Blue Dart 快递公司官网）

## 7.18　印度 DTDC 的快递 2.0 时代

进入 2000 年，DTDC 向真正的国际化物流公司更加迈进了一步，通过设立分支机构和引进资本，DTDC 在全世界 21 个国家和地区设立了跨国办事处，包括新加坡、美国、英国、加拿大、阿拉伯联合酋长国、中国和澳大利亚等国家。并且通过合作伙伴开展沙特阿拉伯、科威特、尼泊尔、孟加拉、斯里兰卡、马来西亚、缅甸、泰国、中国香港、肯尼亚和以色列的业务。DTDC 已经将终端对终端的解决方案服务拓展到了印度以外的市场领域，包括东南亚、中东和远东等国际市场。

目前，DTDC 为电子商务零售业提供一站式物流解决方案，包括上市、多家供应商管理、科技发展、仓储一体化服务、跨境解决方案、"最后一公里"、物流仓储管理、样品展示等服务。DTDC 拥有印度最大的"最后一公里"物流网络，可以为电子商务贸易伙伴提供通达全球的战略性物流选择。

　　DTDC 提供的跨国管理服务不仅包括跨境快递服务，还包括跨境物流解决方案。DTDC 提供专业的服务为电商客户链接所有环节，链接供应链的所有要素，推动客户海外业务的发展。DTDC 的价值链包括提供能够使客户的电子商务成功的所有要素，从跨国快递到跨国物流，甚至是开拓新的业务领域。

**图 7 - 18　DTDC 的一体化仓储服务**

（图片来源：DTDC 官网）

# 第8章

# 世界代表性企业的快递 3.0 时代

本章会对世界上代表性快递企业的快递 3.0 时代做详细论述。这些企业分别是中国邮政速递 EMS、顺丰速运、申通快递、圆通速递、中通速递、百世快递、韵达速递、京东物流、苏宁物流、德邦快递、菜鸟网络、美国 FedEx、美国 UPS、德国 DHL、日本雅玛多运输、日本佐川急便、印度 Blue Dart、印度 DTDC。快递行业全新的 3.0 时代，技术要素作为新的生产力工具，与快递行业实现深度融合，科技将持续推进企业核心商业模式创新，通过导入科技要素，快递企业能够为客户提供更高效的物流综合服务和供应链解决方案。卓越的快递企业可以为顾客提供物流和供应链领域的技术开发和技术支持服务。

## 8.1　中国邮政速递 EMS 的快递 3.0 时代

到了快递 3.0 时代，中国邮政速递 EMS 不断地进行绿色物流和智慧物流方面的商业模式创新，不断地进军国际快递市场。

2013 年 1 月 31 日，南京集散中心正式全面投产使用，充分利用全自动化的邮件分拣处理设备，实现全夜航邮件的集中上机分拣，日处理量 30 万件。2013 年，时限系统在全国推广上线，可以实现对各级生产机构的作业计划和执行情况的实时监控，逐环节实现了预警和逾限统计。2014 年 3 月，启动 EMS"极速鲜——源产地直通车"平台，借助邮航自主航空网络，统一组织，全网联动，支撑特色生鲜农产品项目的发展。2014 年 7 月，中国邮政速递物流股份有限公司面向电商仓配市场成功推出"云仓"服务。2015 年 1 月

24 日，中国邮政速递物流股份有限公司中邮海外仓 1 号仓上线启用，标志着中国邮政"走出去"战略迈出重要一步。2015 年 12 月 10 日，中国邮政速递物流股份有限公司在河南郑州召开了邮政速递物流"众创众享工程"实施启动会，在 15 个省份试点推进。2016 年 10 月 16 日，邮航首架波音 757 客改货飞机正式交付，开启了邮航自主运营波音 757 飞机的新时期。2017 年 2 月，中国邮政速递物流无锡集散中心全面投产运行，进一步实现了区域内资源整合与共享。2017 年 3 月 16 日，中国邮政速递物流率先在全国推出"次日递"时限承诺服务——"限时未达，原银奉还"。2017 年 11 月 6 日，华中（武汉）陆路邮件处理中心 AGV（Automated Guided Vehicle）智能分拣设备投入试生产。2017 年 12 月，智能跟单系统在速递物流全网上线应用，实现了实时发现近百种类型邮件异常，实时调度相关责任人处理，实现按时限计划和作业规范对邮件运行质量进行事中管控。2017 年 12 月，全国云仓网络布局已初步完成，472 个仓储中心，总面积约 361 万平方米，六大枢纽仓均具备百万单发货能力。2018 年 10 月 9 日，首批 25 吨中国政府向印度尼西亚政府紧急提供的人道主义援助物资通过中国邮政航空公司波音 757 飞机安全抵达印尼巴厘岛巴板机场，并快速通过中国驻印尼大使馆工作人员完成交接工作。2018 年 11 月 26 日，一批来自德国杜伊斯堡的邮包到达重庆国际邮件互换局铁路口岸中心，中欧班列（重庆）首次回程运邮测试成功，标志着中欧班列运输国际邮包首次实现双向运输。2018 年，中国邮政速递物流积极响应党中央打好"脱贫攻坚战"的号召，累计帮扶 18 个省、57 个国家级贫困县的 67 个特色农产品项目，助农销售额超千万元。2019 年 8 月，中国邮政速递物流启动"对标先进找差距、千条线路大提速"工程。通过建立分级管控、分类施策、通报质询机制，聚焦突出问题，逐条线路捋、逐个环节抓，各类邮件运行时限显著提升。2019 年 11 月 11 日—12 日，全国邮政快递包裹累计订单量和收寄量双过亿，达到历史最好成绩。截至 11 月 20 日，累计订单量超 4.2 亿件，累计收寄量超 3.9 亿件。2019 年，中国邮政速递物流牢固树立绿色发展理念，全面落实绿色邮政建设行动整体要求，加强生态环境保护，助力打好污染防治攻坚战。

图 8 - 1　中国邮政 AGV（Automated Guided Vehicle）智能分拣

（图片来源：中国邮政官网）

## 8.2　顺丰速运的快递 3.0 时代

2012 年至今是顺丰优选的战略转型期。在这一时期，顺丰速运优化组织职责分工，围绕客户经营转型，提供一体化供应链解决方案，巩固 B2B 快递领先地位，开始发力电商快递，向更高的目标进发。这一时期是顺丰速运的快递 3.0 时代。

2013 年 9 月，顺丰速运在广东东莞市进行了无人机配送，通过低空飞行器运载包裹，飞行器的飞行高度大约在 100 米，机器内置导航系统。同时，顺丰速运开始与 IBM、ORACLE 等国际知名企业合作，共同研发和建立了多达 40 余个具备行业领先水平的信息系统，顺丰速运专业的下单系统、手持终端系统、电子牵手系统、货物跟踪系统及自动及半自动系统。2014 年 7 月 1 日，顺丰和俄罗斯跨境 B2C 业务正式运营。2014 年"双 11"前夕，顺丰速运和美国 Costco 合作，顺丰为 Costco 提供中国台湾至中国大陆的 B2C 电商进口直邮业务。截至 2014 年 12 月，顺丰已经开通了美国、日本、韩国、新加坡、马来西亚、泰国、越南、澳大利亚等国家的快递服务，拥有员工近 34 万名，1.6 万多大运输车辆，18 架自有全货机已经遍及全世界的 12000 多个营业网点。

顺丰速运在 2011 年已经启动了顺银项目，成立了"顺银支付"事业部。2011 年 12 月，顺丰宝正式获得央行颁发的第三方支付牌照——"支付业务许可证"。2014 年 7 月，顺丰获得了第三方支付领域的又一牌照——银行卡收单牌照。这些都为顺丰切入第三方支付市场铺平了道路。顺丰还支持代收货款、垫付货款、预期退费等多样化的增值服务。同时，顺丰的金融平台——顺丰金融正式获得央行发放的银行卡收单牌照。

顺丰速运先后推出了汽车、生命科学与医疗、快消品与零售、工程与工业制造业等行业的供应链解决方案服务。依托顺丰速运运输配送资源及网络资源，现代化的仓储配送服务，为商家提供包括仓储、配送、流通加工、返聘等一站式的供应链解决方案，打造物流、信息流、资金三流合一的服务。

目前，顺丰与 DHL 达成战略合作伙伴关系，为客户提供一体化的供应链解决方案，打造物流生态圈。顺丰供应链中国鼓励并大力发展科技创新，不仅在数据分析及园区管理等方面有领先的技术及经验，公司还成立了研发小组，拥有自主研发能力，加速站点数字化转型，升级运营管理，打造一站式核心操作平台，为客户提供更加智能和高效的服务。顺丰供应链中国总部设于上海，拥有 3000 余位员工，在 80 多个城市拥有仓储物流设施及运营操作，拥有和管理的仓库面积超过 110 万平方米，同时拥有 13 个区域分拨中心和 70 多个次级转运中心，干线运输网络 30 余条，运输能力已经覆盖 300 多个城市。

**SF Supply Chain China**
In partnership with DHL

图 8-2 顺丰供应链中国

（图片来源：顺丰速运官网）

　　顺丰科技隶属于顺丰速运，成立于2009年，致力于建设智慧物流服务，主要对顺丰控股及其分子公司服务，搭建信息化平台。顺丰科技是顺丰速运的智慧大脑。顺丰科技的主要产品包括大数据生态、人工智能、智慧地图、无人机、智慧办公、自动化与机器人、顺陆和顺丰云等。顺丰科技提供的解决方案包括可持续包装解决方案、信息安全解决方案、丰溯区块链解决方案等。数字经济时代，顺丰致力成为一体化综合物流解决方案供应商，实现流程线上化、数据化、智能化。顺丰强大的供应链能力背后，顺丰科技是主要推动力。

**图 8-3　顺丰科技**

（图片来源：顺丰速运官网）

# 8.3　申通快递的快递 3.0 时代

　　2017年，申通快递在智慧物流、科技应用上取得显著成效，自动分拣、扫描等设备大量投入使用，尤其是义乌、郑州、天津、临沂"小黄人"分拣系统应用，一时成为网红，为中国快递技术革新增添了亮丽色彩。在快递行业绿色环保方面，申通快递率先推出环保芯片袋，相比于一次性编织袋，新的环保袋具有防水耐磨，降低破损；循环利用，节约成本；环保材质，统一规范等诸多优点。截至2017年8月，除西藏地区外，申通快递全网转运中心均实现了使用环保袋包装，每天有18万只环保袋在全网循环使用，这也意味着每天节约了 18 万只一次性编织袋，一年就是 19.71 亿只。申通快递在低碳环保、绿色发展的绿色物流领域走在了中国快递产业的前列（申通快递官网，2021）。

**图 8-4　申通小黄人自动分拣系统**

（图片来源：申通快递官网）

# 8.4　圆通速递的快递 3.0 时代

圆通速递在科技创新领域，向科技要生产力，让信息化引领圆通未来。圆通速递全面推进数字化转型战略，并牵头承建物流领域首个国家工程实验室——物流信息互通共享技术及应用国家工程实验室，推动快递物流行业向科技化、智能化快速发展。近年来，圆通在信息化项目建设中的累计投入已超过 20 亿元。

**图 8-5　圆通国家工程试验室**

（图片来源：圆通速递官网）

## 8.5 中通快递的快递3.0时代

2018年5月29日，中通快递与阿里巴巴、菜鸟网络等宣布达成战略投资协议，将共同探索新物流机遇，推动行业数字化升级。中通快递运用新科技，投入新装备，拓展产业链，构建生态圈。近年来，中通快递持续重视自动化、科技化、智能化、绿色化发展，对于新装备的研发投入不断加大，未来将进一步发力挖掘自身价值，持续为合作伙伴赋能，为客户提供更加便捷、优质、精准的服务。中通快递在发展壮大的同时，以全方位的实际行动履行社会责任，帮助和激励了一大批勇于尝试和积极实践的创业者；借助抗震救灾、抗旱救灾、扶贫帮困、爱心助学、免费寄递等多类公益活动积极回报社会，传播行业正能量，获得社会广泛好评。

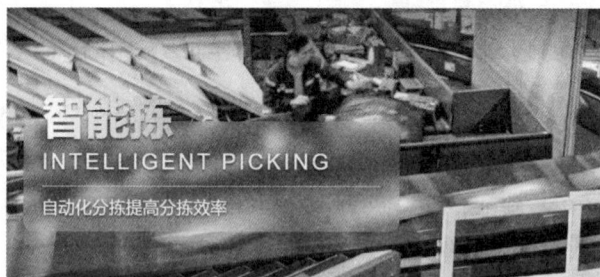

**图8-6 中通快递智能分拣系统**

（图片来源：中通快递官网）

## 8.6 百世快递的快递3.0时代

2016年3月1日，百世汇通更名为百世快递。2017年9月，百世快递总部顺利从上海搬迁至杭州。9月20日，百世集团在美国纽约证券交易所挂牌上市，旗下百世快递发展迈上新台阶。2018年4月，百世快递上线智能客服"百小萌"，7天24小时全方位不间断地接待客户，提升快递服务体验。2019 年 1 月，百世在泰国正式启动快递业务，组建全境覆盖快递网络。4 月，百世与一撕得签署战略合作协议，发布全新环保 PE 袋。6 月，百世快递一联单全面上线。10 月，百世正式启动在越南的快递业务。

2020 年 7 月初，百世集团启动马来西亚、新加坡、柬埔寨的本土快递服务，并上线中国至东南亚全场景"门到门"寄递服务。目前，上述服务已覆盖泰国、越南、马来西亚、柬埔寨、新加坡五个国家。9 月初，百世集团受邀参加 2020 年中国国际服务贸易交易会，展现国际寄递服务最新场景和技术应用。同年 9 月，为备战"双 11"，百世集团与菜鸟共同合作开通中国至马来西亚全链路跨境物流服务线路，并为新加坡消费者提供末端配送服务。

百世快递的集团公司百世集团拥有专业的互联网背景技术团队，始终将科技创新"基因"融入企业发展中，不断创新商业模式。百世集团持续重视自动化、科技化、智能化和绿色化发展，大力投入智能设备，并凭借强大的自主研发能力，有效提升服务水平和运营效率。

**图 8-7　百世自动分拣线**

(图片来源：百世快递官网)

# 8.7　韵达速递的快递 3.0 时代

2015 年至今是韵达速递战略升级期。韵达速递坚持以快递为核心，嫁接周边产业，打通上下游、形成产业链，建构以快递为核心的生态圈。韵达速运打造了仓配一体化服务、智能分仓发货服务、供应链解决方案、联合仓系统平台等服务，为客户量身打造物流解决方案。

韵达速运依托丰富的仓储资源、自主研发的联合仓仓储系统、OMS 订单系统，高效的运营流程和管理体系，为电商客户提供在全国多个仓库的仓储管理、订单生产和快递配送服务，实现多仓联合库存管理，订单智能分配到多仓，快速发货。目前全国有 340 个仓库，总面积达 532497 平方米。

韵达速运提供 COD 代收货款业务，逆向物流服务、快递 O2O 服务和跨境业务物流服务。快递 O2O 服务基于移动互联 O2O 新商业模式而诞生，以打通商家线下门店与快递之间的通道为目的，实现客户下单后，产品可在最快承诺时效内送达收件客户手中。同时，韵达快递 O2O 为商家提供门店调拨、商家与门店间调拨等解决方案，提高客户体验，解决快递"最后一公里"配送的难点问题。

韵达速递自主开发了联合仓系统平台，系统产品包括"OMS 订单管理系统""WMS 仓储管理系统""V9 结算系统""COD 代收货款系统"等，联合仓系统平台将系统与流程紧密结合，从订单下达到出仓配送，灵活的系统搭配将满足客户多样的需求。

图 8-8　韵达速递的联系仓系统平台

（图片来源：韵达速递官网）

# 8.8 京东物流的快递 3.0 时代

2014 年，京东在上海启动首座"亚洲一号"大型智能仓库。2015 年，京东第一个大型自动化分拣中心在固安投入使用。2016 年，京东大件物流完成中国大陆地区所有行政区县全覆盖。

2017 年，京东物流独立为子集团，全面开放为外部客户提供服务中小件物流网络中国大陆行政区县全覆盖建成。同年，京东全球首个全流程无人仓全国范围内推行"微笑面单"，保护用户隐私。2018 年，京东完成 A 轮优先股融资，融资总额约为 25 亿美元发布全球化战略，携手伙伴共建全球智能供应链基础网络（GSSC），推出京东供应链、京东快递、京东快运、京东冷链、京东云仓、京东跨境六大产品个人快递业务。同年，京东物流上线首架全货机成功首航。

2019 年，京东物流确定核心发展战略：体验为本，效率制胜，国内首个 5G 智能物流示范园区投入运营，建设"亚洲一号"大型智能仓库投用 25 座，形成亚洲电商物流领域规模最大的智能物流仓群城市群半日达、千县万镇 24 小时达时效提升计划启动供应链产业平台发布。

2020 年，京东物流积极抗击疫情，明确以"体验为本、技术驱动、效率制胜"为核心发展战略完成京东物流品牌升级，同时，京东集团使命升级为"技术驱动，引领全球高效流通和可持续发展"，愿景升级为"成为全球最值得信赖的供应链基础设施服务商"。

一体化供应链物流服务是京东物流的核心赛道。目前，京东物流主要聚焦于快消、服装、家电家具、3C、汽车、生鲜等六大行业，为客户提供一体化供应链解决方案和物流服务，帮助客户优化存货管理、减少运营成本、高效分配内部资源，实现新的增长。同时，京东物流将长期积累的解决方案、产品和能力模块化，以更加灵活、可调用与组合的方式，满足不同行业的中小客户需求。

京东物流建立了包含仓储网络、综合运输网络、配送网络、大件网络、冷链网络及跨境网络在内的高度协同的六大网络，具备数字化、广泛和灵活的特点，服务范围覆盖了中国几乎所有地区、城镇和人口，不仅建立了中国电商与消费者之间的信赖关系，还通过 211 限时达等时效产品和上门服务，重新定义了物流服务标准。2020 年，京东物流助力约 90% 的京东线上零售订单实现当日和次日达，客户体验持续领先行业。截至 2021 年 6 月 30 日，京东物流运营约 1200 个仓库，包含京东物流管理的云仓面积在内，京东物流仓储总面积约 2300 万平方米。

京东物流始终重视技术创新在企业发展中的重要作用。基于 5G、人工智能、大数据、云计算及物联网等底层技术，京东物流正在持续提升自身在自动化、数字化及智能决策方面的能力，不仅通过自动搬运机器人、分拣机器人、智能快递车等，在仓储、运输、分拣及配送等环节大大提升效率，还自主研发了仓储、运输及订单管理系统等，支持客户供应链的全面数字化，通过专有算法，在销售预测、商品配送规划及供应链网络优化等领域实现决策。凭借这些专有技术，京东物流已经构建了一套全面的智能物流系统，实现服务自动化、运营数字化及决策智能化。截至 2021 年 6 月 30 日，京东物流在全国共运营 38 座"亚洲一号"大型智能仓库。

**图 8-9　京东智能仓库**

(图片来源：京东物流官网)

京东物流构建了协同共生的供应链网络，中国及全球各行业合作伙伴参与其中。2017 年，京东物流创新推出云仓模式，将自身的管理系统、规划能力、运营标准、行业经验等赋于第三方仓库，通过优化本地仓库资源，有效增加闲置仓库的利用率，让中小物流企业也能充分利用京东物流的技术、标准和品牌，提升自身的服务能力。目前，京东云仓生态平台运营的云仓数量已超过 1400 个。通过与国际及当地合作伙伴的合作，截至 2021 年 6 月 30 日，京东物流已建立了覆盖超过 220 个国家及地区的国际线路，拥有约 50 个保税仓库及海外仓库。同时，京东物流着力推行战略级项目"青流计划"，从"环境"（Planet）"人文社会"（People）和"经济"（Profits）三个方面，协同行业和社会力量共同关注人类的可持续发展。京东物流是国内首家完成设立科学碳目标倡议（SBTi）的物流企业，同时引入使用更多新能源车辆，推广和使用更多可再生能源和环保材料，践行绿色环保措施。

另外，京东科技致力于为企业、金融机构、政府等各类客户提供全价值链的技术性产品与解决方案。依托人工智能、大数据、云计算、物联网等前沿科技能力，京东科技打造出了面向不同行业的产品和解决方案，帮助全社会各行业企业降低供应链成本，提升运营效率。

京东科技是对外提供技术服务的核心输出平台，拥有丰富的产业理解力、深厚的风险管理能力、用户运营能力和企业服务能力，能面向不同行业为客户提供行业应用、产品开发与产业数字化服务。截至 2020 年 6 月末，在政府及其他客户服务领域，京东科技服务了超过 40 家城市公共服务机构，在全国建立了 50 多个城市云服务基地，此外也建立了庞大的线下物联网营销平台，拥有自营和联盟媒体点位数超过 1500 万，覆盖全国超过 300 座城市及 6 亿多人次；在金融机构服务领域，京东科技已为包括银行、保险、基金、信托、证券公司在内的超 600 家各类金融机构提供了多层次数字化解决方案；在商户与企业服务领域，已为超 100 万家小微商户、超 20 万家中小企业、超 700 家大型商业中心等提供了包括业务和技术在内的数字化解决方案（京东物流官网，2021）。

京东科技是科技创新与实体产业深度融合的数智化企业，它脱胎于对供应链的深刻理解和行业洞察，发展于对互联网技术的突破创新，成长于对实体经济的服务和价值创造。京东科技的使命是科技引领，助力城市及产业数智化升级。

# 8.9 苏宁物流的快递3.0时代

苏宁物流超级云仓南京雨花基地于2016年开始投入使用，建筑面积达20万平方米，配备了ASRS、Minilaod、SCS等一系列"货到人"拣选先进物流设备，可以实现约2000万件商品的入库、补货、拣选、分拨到出库全流程的智能化作业。2018年，苏宁物流在上海、济南已经投入使用机器人仓库，通过机器人和人"搭档"，实现"货到人"拣选。同年5月，苏宁物流无人重卡"行龙一号"在上海、盐城高速场景测试成功。同时，苏宁物流无人车"卧龙一号"在北京、南京、成都实现落地试运营。用户在社区附近的苏宁小店下单，"卧龙一号"可进行无人配送。苏宁的三个智慧物流系统具体如下（苏宁物流官网，2021）。

"卧龙一号"可承担苏宁小店周边3公里范围内的即时配送服务，线上订单后1小时送达。生鲜蔬果、米面粮油、零食饮料、冷藏食品，均可及时送达。顾客只需在手机上一点，机器人就可以送货上门。送达时，消费者只需点一下小车发来的链接，车门就会打开，轻松提取货物。"卧龙一号"能在恶劣天气及夜晚进行24小时配送，真正做到全天候的无差别服务。一定程度上解决了"最后一公里"的配送难题。

"行龙一号"是苏宁物流推出的无人驾驶重卡，采用了先进的人工智能和深度学习技术，以及激光雷达等高科技装备的加持，使其有了超人般的能力，对于解决司机疲劳驾驶和提高运输效率非常有价值。

在仓储和货物分拣方面，苏宁开发出的AGV智能货物分拣机器人，载重能力超过500公斤，单件商品平均拣货时间只需10秒，小件商品拣选效率超过了5倍传统人工拣选。和"卧龙一号"一样，AGV也能实现自动避障和智能规划路线功能，此外还能进行一定的交通管控。AGV 分拣机器人极大地提升了仓储的分拣效率，而这对于提升物流效率必不可少。

由以上三个物流新物种可以看出，苏宁已经完成从智能仓储到无人驾驶运输再到无人送货的完整的智能物流链，实现了物流技术的高度智能化，产品从仓储到运输再到消费者手中都由科技完成，处于无人干预状态。

苏宁还将探索更多的高科技领域，为打造智慧零售提供更坚实的技术保障。构建智慧物流体系是苏宁基于智慧零售的未来而做出的战略选择，在对物流的投入上，苏宁从来没有退缩过，这才不断有了物流新物种的面世。苏宁物流的智慧物流不仅提升了用户的体验，还将给中国零售行业的发展提供更充足的动力。

图 8-10　苏宁机器人仓

（图片来源：苏宁物流官网）

## 8.10　德邦快递的快递 3.0 时代

2017 年，德邦快递构筑"智慧末端""智慧车队""智慧场站"大数据模型，以新技术推动传统运营管理向智慧物流管理转型。推出德邦 AI 开放平台，将增强现实、人工智能、无人驾驶、云计算等技术应用于快递场景，有效提升快递业务效率。并且与自主开发的悟空系统、络绎系统等整合升级为业务门户平台 UAP，实现快递、零担快运、整车、跨境业务平台全系列无缝协同。同年，德邦成立德邦科技，进一步推动新技术为德邦快递赋能，提升服务体验。7 月 2 日，企业品牌名称更名为"德邦快递"，全面聚焦大件快递市场，改变行业内普遍存在的"大件歧视"现象。

德邦智慧物流依托德邦全网布局及大件能力，通过自主研发的物流信息管理系统，实现企业供应链系统集成与数据交换，为客户提供一站式仓储配送等综合服务。聚焦快速消费品、家具、家电等行业为客户提供定制化解决方案、精细化仓储管理、专业配送及安装、供应链金融等服务（德邦快递，2021）。

**图 8 - 11　德邦快递的智慧物流**

（图片来源：德邦快递官网）

# 8.11　菜鸟物流的快递 3.0 时代

2018 年 5 月，菜鸟发布行业平台级产品菜鸟语音助手，帮助快递员电联消费者。阿里巴巴和菜鸟战略入股中通，双方将共同探索新物流机遇，推动行业数字化升级。四通一达入股菜鸟驿站，推进快递最后 100 米多元化服务。菜鸟发布全球首个基于物流 IoT 技术的"未来园区"。6 月，菜鸟与中国航空、圆通速递合作，在香港国际机场启动建设一个世界级的 eHub。菜鸟宣布将在杭州、中国香港、吉隆坡、迪拜、列日、莫斯科建设 eHub（数字贸易中枢），形成智能物流骨干网全球雏形。9 月，菜鸟与圆通速递联合宣布，超级机器人分拨中心在圆通杭州转运中心正式启用，高峰期每天可分拣超 50 万件包裹。2018 年 11 月，天猫"双 11"当天物流订单量达到 10.42 亿件，菜鸟一周送达超过 11 亿件包裹，相当于 2006 年中国全年快递业务量。2018 年，天猫"双 11"当天进口订单清关量 9 小时突破 1000 万单。

2019 年 3 月，中欧班列首条跨境电商专线"菜鸟号"正式开通。5 月，菜鸟驿站获得全国第一张开办服务站经营快递业务许可证。9 月，菜鸟乡村宣布未来一年将建设 1000 条农产品上行"高速公路"。11 月，阿里巴巴 233 亿元增持菜鸟，加速助力物流业数字化。

2020 年 11 月，菜鸟核心物流系统在海外 11 国投入使用，"双 11"峰值处理能力提高 10 倍。12 月，菜鸟裹裹与中国邮政速递物流达成战略合作，在城乡共建 5 万个寄件点（菜鸟网络官网，2021）。

菜鸟致力于打造一个数据驱动、开放、协同、共享的社会化物流平台，有 40% 以上的员工从事技术岗位，利用物联网、人工智能、大数据、无人技术等物流科技结合物流行业数智化升级的痛点和需求，聚焦于物流新技术和新产品的研发，已经广泛服务物流行业的企业，对于物流行业的降本提效产生了重要的促进作用，共同助力物流行业数字化转型升级。

大数据生态用数据驱动科技，赋能物流行业。人工智能基于机器视觉、智能语音、机器学习能力助力物流行业实现降本增效。云计算聚焦物流行业，提供丰富、安全、稳定的云计算产品及服务。IOT 提供专业的物联网能力服务，实现物流全流程管控。

**图 8-12　菜鸟无锡自动化分拣仓库**

(图片来源：菜鸟网络官网)

中国未来物流一定是从数字化到数智化。如今，数智化已经成为业内广泛共识。数字化、智能化的能力，正广泛运用到物流业的各个环节。不同于西方高度集成化、中心化的方式，中国物流业多年的大发展，背后依靠的正是产业协同、生态协同、网络协同，从中心城市到农村的社会化大协同，是一种分布式的社会网络。同时，随着全球化的进程，中国物流产业必然面临着整个数字化的物流基础设施走向全球，整个制造能力和供应链能力走向全球，而快递产业的全球化，最终也一定会走向数字化供应链的全球化。菜鸟物流既有互联网公司的技术创新本色，也有扎实的物流运营，为了满足国内国际商家、消费者、产业链的不同需求，坚持做一家客户价值驱动的全球化产业互联网公司。

# 8.12　美国 FedEx 的快递 3.0 时代

2020 年 5 月 18 日，FedEx 和微软（Microsoft）宣布双方达成一项新的多年合作计划，通过将 FedEx 的全球数字和物流网络与微软的智能云技术相结合，帮助客户实现商业转型。同时，FedEx 和微软（Microsoft）推出了第一款供应链解决方案 FedEx Surround。FedEx 和微软的共同目标是通过

Azure 和 Dynamics 365 提供的多种联合服务，运用数据和分析解决方案，帮助客户在日益数字化和数智化的商业领域取得竞争优势，抓住稍纵即逝的商业机会。

FedEx 是世界上著名的供应链解决方案提供商，一直致力于帮助客户重塑供应链系统。FedEx 和微软的合作计划将会使 FedEx 的供应链解决方案商业模式提高一个新的水平。微软强大的技术力量与 FedEx 庞大的物流基础设施结合起来，可以为客户创造一个未来的技术加供应链的网络，帮助客户创新商业模式，重塑价值链。

FedEx 和微软（Microsoft）战略联盟，会在更高层次上推动创新、合作开发产品和分享专业知识。目前，企业的成功很大程度是建立高效强大的全球供应链的基础之上，FedEx 的物流网络连接 220 多个国家和地区，微软的云服务 Azure 获得了来自世界绝大多数跨国集团的支持，将 FedEx 的物流网络和微软云计算平台深度结合，企业对全球货物流通的控制和洞察力将达到前所未有的水平。

FedEx Surround 是驱动数字化点亮的物理世界。FedEx Surround 是 FedEx 和微软合作的首个解决方案，它允许企业通过利用数据，提供近乎实时的货物跟踪分析，提高其供应链的可视化，这将推动企业实现更精确的物流和库存管理。虽然大多数航空公司都能对全球物流动态做出反应，在包裹的运输过程中提供有限的可视性选项，但 FedEx Surround 将提供近乎实时的跟踪和管理（如细化至邮政编码级别），通过数字化点亮物理库存的进步和发展（柏蓓，2020）。

FedEx Surround 提供的益处将扩展至任何拥有供应链的企业，特别是那些对货物交付时间敏感度较高的企业。例如，医院可能迫切需要一个包裹来帮助挽救生命，或者零部件可能需要被快速运输至制造工厂以避免停工。在每一个例子中，FedEx Surround 所提供的近乎实时的数据洞察，不仅为使用该平台的组织，也为它们所服务的人群提供方便，具有显著的优势。

FedEx Surround 还可以收集多种数据，这些数据通过 FedEx 的增强扫描和专有物联网技术收集，并使用微软的人工智能、机器学习和分析解决方案进行分析。这不仅为参与企业提供包裹在运输过程中的位置，还提供包括全球商业状况和实时的外部挑战等信息，比如恶劣天气或自然灾害、机械延误、清关问题和错误地址。这种前所未有的数据驱动洞察力将使联邦快递的客户有机会及早干预，并在物流放缓之前采取行动，以减少不同环节之间的摩擦和成本。联邦快递将分析过去的趋势，以确定未来简化运输的机会，从而创建一个更强大、更有弹性的商业生态系统。

图 8 - 13　FedEx 与 Microsoft 合作

# 8.13　美国 UPS 的快递 3.0 时代

UPS Ready 通过将第三方应用程序与 UPS 技术工具进行整合提供解决方案。通过 UPS Ready，可以享用操作简便、开箱即用的解决方案，简化从寄件到追踪的日常任务。通过在线订单输入简化操作，为客户提供 UPS 寄件和追踪服务。

UPS Ready 多承运人寄件管理系统可以协助客户管理寄件流程，具体为帮助客户简化物流、管理成本，并为其提供灵活性。寄件管理软件可以整合至客户供应链中，从而更高效地管理来自仓库、配送中心或零售商店的单一或多地点寄件。

UPS Ready 客户关系管理（CRM）提供商可帮助公司管理与当前客户

和潜在客户之间的互动。这些与 UPS 整合的方案旨在帮助客户赢取、发展并留住客户，同时提高满意度。

UPS Ready 电子商务提供商为希望在线销售的商家提供各种各样的服务。从由零开始的网站开发到网店优化或整理商城列表，这些解决方案可以支持各种不同规模商家的电子商务。

Web Shop Apps 是一款领先的电子商务寄件软件开发工具，其凭借 Shipper HQ 将寄件提升到新的水平。这款基于云的寄件费率管理平台，让大大小小的企业都可以控制并自定义寄件费率，并可为他们的客户提供各种选项。Shipper HQ 整合 Web Shop Apps 多年与全球上万商家的合作经验，打造出一款简单易用的应用程序。

Shipper HQ 的功能包括全功能多起运地投递计价、按尺寸寄件计算器、预计递送日期和运输时间支持、多地点商店取件、寄件选项显示内容和时间的全面控制，以及强大的海关费率管理。Shipper HQ 支持 Magento、Bigcommerce、BrilliantRetail 和其他更多电子商务平台，并具有开放应用程序界面（API），易于设置和使用。

作为 UPS Ready 提供商，Shipper HQ 可以为其客户带来更多优势及更好的客户服务体验。现在 Shipper HQ 完全支持 UPS 服务，其功能列表中涵盖国内和国际小包裹货件计价、支持 UPS Ground with Freight Pricing，以及 UPS Access Point 网络及更多其他服务。

UPS Ready Program 的 PluginHive Shipping Services 为基于 web 的运输解决方案，可帮助电商商家实现整个运输流程的自动化，并缩短订单履行时间。该应用程序专为 Shopify、WooCommerce 和 Magento 电子商务平台设计，可以在电子商务控制面板内处理货件，而不必在多个应用程序之间切换。实现整个运输流程的自动化：结账时显示实时 UPS 运输费率；批量打印 UPS 运输标签；向终端用户发送实时 UPS 追踪通知；实时监控交付状态。PluginHive UPS 货件服务可支持全球商家，当前已被 70 多个国家的 20000 多家商家采纳。

UPS NetSuite 是基于网络并完全整合的应用软件，支持从 ERP、CRM 到网络运营的整个业务，根据需要为公司的每个人提供完整、实时的信息。NetSuite 整合了 UPS OnLine Tools，以简化来自不同订单管理、物流和客户服务系统之间的数据交换。向销售、服务和仓储人员提供客户订单和状态更新等关键寄件信息，确保各部门都能查看同样的准确数据。员工无须离开 NetSuite 应用程序即可访问整合的 UPS 寄件 API。他们可以在应用程序内完成所有 UPS 寄件和追踪。系统会自动计算寄件费率、生成 UPS 追踪号码、验证地址，并打印 UPS 寄件标签。

图 8-14  UPS 货物追踪系统

（图片来源：UPS 官网）

# 8.14  德国 DHL 的快递 3.0 时代

2020 年 1 月 7 日，DHL 发布《适应消费变化诉求：电子商务加速物流创新》白皮书称，数字化和自动化是未来网络零售供应链核心。为此，DHL 将在 2025 年之前至少投入 22 亿美元发展数字化，以新技术驱动电商供应链发展。

电子商务在 6 个方面对零售及物流企业的供应链提出挑战，如消费者极佳的购物体验、消费者随时随地收取包裹的需求、城市递送需求爆发、人力资源竞争及其收入上涨、新零售模式需求旺盛及环境保护等问题。技术可以帮助解决上述问题，预测库存，提高生产率从而消化高增长带来的影响。目前，数字化技术已经可以完成需求预测和库存优化，使其货物离客户更近，优化运输路线，减少在途时间。

同时，为了应对物流产业的四个最重要的趋势全球化、数字化、电子商务和可持续发展。DHL 提出了"2025 战略——数字化时代的卓越投递"的应对方案。加快 DHL 集团的数字化转型，这一转型已经在所有业务部门展开。

2020 年 5 月 21 日，DHL 全球货运推出了最新的数字化解决方案——myDHLi，实现货运模式全覆盖的一站式数字化平台。该平台将现有的在线服务，如 myDHLi Quote + Book 报价预订工具及 myDHLi Analytics 分析工具等进行合并，并添加了新服务与功能，打造出一个崭新的创新平台。诸如，新增的搜索功能非常有效，优化了用户体验。该平台完全由 DHL 内部团队设计开发，全新的货物追踪功能采用端到端信息追踪，用户可以近乎实时监测海运及空运货物，掌握从取件到最终交付的全过程。该服务还可支持 Excel 原始数据提取。另一个新功能是 myDHLi 文档，所有报价、商业发票、装箱单、货代单、发票、交货证明等文件都存储在同一个地方，用户可以方便快速地查看或下载。DHL 采用了移动设备优先的设计理念，因此，用户在所有设备上都可使用这一平台。此外，平台内置诸如关注和分享等热门社交功能，可使用户与同事、客户和供应商交换分享信息，从而简化了整个供应链的沟通工作。基于这套应用程序界面（API），用户可轻松地导出和分析数据，或直接将其整合到自己的系统中。myDHLi 基于模块化结构所设计。用户可以根据自身需求，选择特定服务，从而个性化设计自己的平台界面。它还具有单次登录功能，用户首次登录后即可使用所有服务，期间无须再进行其他注册或登录。该平台对所有 DHL 全球货运客户均免费开放。

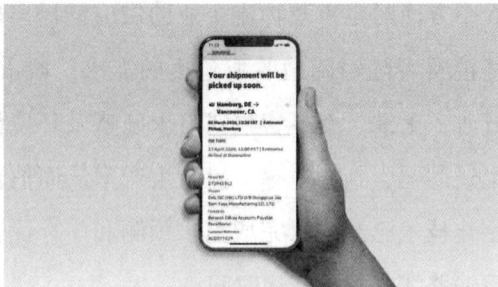

**图 8 - 15  全新的 myDHLi 门户**

(图片来源：DHL 官网)

# 8.15  日本雅玛多运输的快递 3.0 时代

2019 年，雅玛多运输在中国、韩国、东盟开始展开海外 10 个国家的业务。羽田机场的雅玛多物流分拣中心是日本国内规模最大的物流中心，位于羽田机场附近，可以处理东京港、横滨港、东京站的货物及来自日本各地和世界各地的货物，货物从入库到出库全部实现自动化处理。这里不仅可以处理货物快速，而且可以提供高附加值的服务，如医疗器械的清洗和保养等。

雅玛多运输的价值链构想主要包括四个模块：亚洲的快递网络构筑；亚洲和日本链接起来的综合物流处理中心，羽田分拣中心的建设；日本国内主要都市间的当日配送，各地分拣中心的设置；实现亚洲次日配送的冲绳国际物流集聚地的运营。

雅玛多运输拥有运输、IT、平台等先进的部门，为企业、零售业等提供安定的高品质的价值。日本全国的运输网络，都导入了各种各样的高品质、高效率的自动化技术，通过 IT 组合实现了货物的可视化，数据的合作，促进了日本流通构造的改造。另外，利用数字技术提高运输货物的品质和速度的同时，削减企业内部的业务，增加与客户沟通交流的时间，为顾客提供更大价值的服务。

2021 年 4 月 1 日，雅玛多运输把 7 个子公司的经营资源结合起来，推出了全新的雅玛多运输，向着［one 雅玛多（一个整体的雅玛多）］更近了一步。［one 雅玛多（一个整体的雅玛多）］面对顾客、社会的各种需要，加速经营的速度，磨炼经营资源，立志成为顾客最好的战略性商业合作伙伴。

在雅玛多运输的中期经营规划［one 雅玛多 2023（团结一致的雅玛多2023）］当中，雅玛多运输指出，根据数据分析做经营资源的最佳配置、支援供应链的整体、向商业战略合作伙伴进化、创造最优化的绿色系统、可持续性的经营强化等 9 个重点措施。

通过对数字数据及数字基盘的基础设施建设，使数据化经营更加高度化、精致化。通过利用最新技术取得的数据及云技术等，来扩充 Yamato Digital Platform（雅玛多数字平台）。利用雅玛多目前积累的知识和网络，结合创新的想法和技术，创造今后适合消费者需要的次世代的运输方式，携手消费者、社会及运输工作人员，共同推动可持续发展的物流的进化。通过对大数据、人工智能的灵活利用，导入配送业务量预测、合理安排车辆运输的系统。

**图 8-16　雅玛多羽田 CHRONOGATE（雅玛多羽田集货枢纽中心）的控制室**

（图片来源：雅玛多运输官网）

## 8.16　日本佐川急便的快递 3.0 时代

佐川急便提供流通加工、物流、仓库运营等一体化的第三方物流服务。通过自动化仓库管理系统，WMS（Warehouse Management System）系统实现了业务信息的可视化，通过手持终端可以有效率追踪流通和仓库运营。通过仓库和佐川急便营业所一体化的佐川流通中心，实现了从订货到收货时间的缩短。通过配置最优化的国际一体化物流系统，向以亚洲为中心、包括欧美、非洲等地提供货代和国际快递服务。同时提供仓库保管、检品检针、物流加工、保税、危险品处理及电子商务等一体化的解决方案。为了提高佐川流通中心的生产效率，还导入了无人搬运车（AGV）和射频识别（Radio Frequency Identification，RFID）系统。

**图 8-17　支持跨境电商的自动化物流分拣中心**

（图片来源：佐川急便官网）

## 8.17　印度 Blue Dart 的快递 3.0 时代

Blue Dart 公司可以根据消费者的需要提供高品质的定制化服务。拥有货物追踪信息系统，可以及时向客户提供包裹在运输过程中的信息。可以提供上门取货服务和准时配送服务。与许多商务企业建立起了良好的战略合作伙伴关系，并为他们提供货物运输服务。能够保证配送时间，以及货物安全无损的到达。Blue Dart 公司同时提供印度国内和国际快递服务，根据客户要求能够提供次日达服务。从取货到货物交付能够提供准确的货物配送流程信息，同时提供智慧邮箱、特快专递及物流服务。

## 8.18　印度 DTDC 的快递 3.0 时代

DTDC 拥有一体化的信息平台，为所有的快件提供信息平台服务、代为管理企业的电子商务网站，为企业提供信息技术应用、网络服务等。DTDC 强大的终端软件服务为客户最佳的仓储管理、渠道管理、订单管理、供应商状态更新、对账服务等提供了支持。DTDC 定制化的 IT 平台保证了客户的易操作和"一站式"管理的要求及保密性的要求。

DTDC 拥有一套多家供应商管理系统。需要管理多家供应商的电子商务物流一直是制约电子商务成功的重要原因。这要求电子商务物流网络上的所有参与者能够在关键要素上互相支持。DTDC 的一体化服务中心和技术平台将供应链网络上的多家伙伴联合在了一起。这使得所有 DTDC 客户的货物从印度到达国外消费者手中的时候，实现了无差异化的包装和快递服务。

DTDC 提供仓储管理和电商零售一体化服务。DTDC 利用印度国内最好的科技平台使印度通往世界范围的包裹服务透明化。DTDC 的一体化服务仓库使接单到货物运输的整个流程都变得非常的顺畅。DTDC 的一流的仓库管理系统能够保证任何类型的包裹都能够得到有效的运输。DTDC 拥有印度的最大规模的"最后一公里"的快递网络，并且在全球范围内提供一流的配送服务。DTDC 的信息技术网络保证了配送和退货物流的无缝衔接。

**图 8 - 18　DTDC 的电子预约系统**

（图片来源：DTDC 官网）

# 第9章
# 世界代表性企业的智慧物流和供应链解决方案

本章会对世界代表性快递企业的智慧物流和供应链解决方案的案例进行总结。这些企业分别是中国邮政速递 EMS、顺丰速运、申通快递、圆通速递、中通速递、百世快递、韵达速递、京东物流、苏宁物流、菜鸟网络、美国 FedEx、美国 UPS、德国 DHL、日本雅玛多运输、日本佐川急便。德邦快递、印度 Blue Dart 和印度 DTDC 由于未收集到相关案例的材料，在此不做列举。全球化、数字化、电子商务和可持续发展是目前世界快递物流产业的发展趋势。同时，数字化正向着数智化的方向发展。全球快递产业都已经认识到大数据和人工智能赋能物流供应链的重要性，通过战略性合作、投融资等各种方式加大相关产业的基础设施建设和人才队伍建设，有的快递企业直接设立专门的技术公司为全球物流供应链提供更高端更智能的解决方案。

## 9.1 中国邮政速递 EMS 的智慧物流和供应链解决方案

中国邮政速递 EMS 利用先进的物流供应链信息系统，为企业提供仓储业务解决方案、供应链金融服务、物流服务行业解决方案、物流服务模块解决方案以及电商平台物流定制解决方案。

### 9.1.1 仓储业务解决方案

中国邮政速递 EMS 汇聚国内供应链管理、仓储规划、物流自动化等领域的专业人才，具有 15 年仓储运营经验，仓储面积约 400 万平方米，运营近千个仓储项目，为客户供应链物流量身定制高标准、现代化、专业化的仓储解决方案。中国邮政速递 EMS 在高科技、汽车、快消品、鞋服、医药等多行业，具备供应链入厂 VMI（Vendor Managed Inventory，供应商管理库存）仓储、成品总分仓、智能仓、温控仓、保税仓、TAPA 仓（Transported Asset Protection Association，TAPA），TAPA 是 Intel、Sun、Micro 等高科技企业在 1997 年倡导建立的一个企业组织，其成员包括全球各知名高科技企业和各跨国物流企业。TAPA 致力于建立统一的物流安全标准及其认证体系，现在该体系受到成员的广泛接受和遵循。目前，TAPA 在北美、欧洲和包括中国在内的亚洲地区已经有了相当的规模。很多为高科技产品提供物流服务的企业，都有经过 TAPA 认证的仓储设施和运输设备。GSP仓（GSP 是英文 Good Supply Practice 的缩写，意即产品供应规范，是控制医药商品流通环节所有可能发生质量事故的因素从而防止质量事故发生的一整套管理程序，医药商品在其生产、经营和销售的全过程中，由于内外因素作用，随时都有可能发生质量问题，必须在所有这些环节上采取严格措施，才能从根本上保证医药商品质量）、云仓、前置仓等服务经验。中国邮政速递 EMS 的仓储业务解决方案主要包括以下几种：

（1）仓储规划设计服务：仓储运营数据分析与问题诊断、仓储规划设计解决方案、仓储网络规划与选址、仓储运营流程及信息化设计等。

（2）信息系统：拥有自主研发 WMS 系统，采购国内领先 WMS 系统，能适用于各类企业不同供应链环节的仓储运作管理。

（3）智能仓储解决方案：在东中西部均建立自动化智能标杆仓，广泛应用业界成熟的 AGV、多层穿梭车、AS/RS 等多项自动化、智能化设备。

（4）增值服务：供应商库存管理、集装单元设计、产品组合加工、贴标及换包装，质押贷款等。

（5）仓配协同方案：仓储与配送转运中心同址运作、有效衔接，已建成分布华北、东北、华东、华南、华中、西南、西北的七大区域仓配中心、122 个重点城市仓配中心和近千个县级枢纽仓配中心。仓配协同网络可实现同城当日递、区域内次日递、区域间隔日递的高效配送服务。

### 9.1.2 供应链金融解决方案

中国邮政集团与邮政储蓄银行、菜鸟金融、京东金融等金融机构合作，为客户及供应商提供存货质押、订单融资、保理融资等多种供应链金融解决方案。根据不同客户、供应商的资质及业务场景，提供个性化的融资解决方案。服务内容包括以下两个：

（1）云仓金融产品。云仓金融产品是联合京东金融、菜鸟金融推出针对使用仓储服务客户的商品融资服务，通过互联网技术解决了生活物资转化为标准质押品的难题，通过大数据核定质押品价值，并辅助以系统对接的手段，通过系统后台解决了金融机构与监管企业之间面对海量 SKU 的质押指令传输及质押品锁定管理难题。云仓金融为入仓商家提供了额外的融资渠道，将库存转换现金流，同时不影响商家销售订单出库，缓解商家大促备货压力。

（2）邮付通产品。邮付通产品是联合邮储银行、京东金融向物流供应商提供的资金解决产品，与中邮长期稳定合作的供应商可申请开通邮付通产品。通过邮付通产品，供应商可快速获取资金回款，实现了中邮供应商零账期运作，缓解供应商运营的资金压力。

### 9.1.3 物流服务行业解决方案

1. 高科技行业解决方案

中国邮政 EMS 提供供应链端到端服务，包括仓储、运输配送、流通加工和装卸搬运等增值服务、供应链金融、网络规划和供应链设计等，帮助客户降低运作成本与资金，致力于自身核心竞争力的发展。

中国邮政与某 3C 消费电子及通信领域行业高端客户以 3C 终端消费品的仓储＋电商配送及商务行政件寄递为合作起始点，逐步深化合作进程，服务类型涵盖电商 B2C 配送、B2B 运输、仓配一体、整车零担运输、JIT

配送、通信设备类产品运输、智能仓储和中小件仓储等，涉及入厂生产物流、产成品销售物流、逆向物流和拓展服务等供应链全环节综合服务。历经数年合作，中国邮政不断满足客户由于制造业转型形成的不断增强的物流需求，双方从业务合作至战略合作，不断探索"数字化，自动化，智能化，集约化"在行业中的应用。

2. 汽车行业解决方案

中国邮政 EMS 为知名品牌的汽车零部件供应商及主机厂提供仓储到运输全供应链物流服务。针对客户的不同运作模式量身定做符合客户战略发展的一体化运作、供应链规划方案，服务产品涉及入厂物流、售后零部件物流、专业的仓储管理。

中国邮政与某客户商用车售后备件运输业务为起点，开展业务合作，由中国邮政为其提供物流改革方案策划，最终成为其唯一的领导型物流服务商。双方合作的内容涉及入厂物流（包括循环取货、仓库管理、配送上线等）、售后物流（包括包装、运输及逆向旧件返厂等）等多个领域。通过供应链运行模式的再造和作业流程的优化升级，提高了该客户的整体制造能力；通过专业工位器具的广泛应用，提升了该客户的生产效率和产品质量，降低了客户的制造成本和能源消耗。历经双方十年合作，中国邮政在供应链流程设计、专用器具投入、团队建设、人才培养、经营管理、信息系统建设等方面得到了提升，具备了整体方案策划、物流管理咨询、供应链物流全环节等综合服务能力，在中国汽车产业链中得到了同行业的高度认可。

3. 快消品行业解决方案

中国邮政物流重点关注食品、酒水、连锁、化妆品、家居、烟草子行业。依托中国邮政资源和网络优势，满足快消行业客户季节性运作需求。提供供应链全环节物流服务，包括整车运输、零担运输、仓储快递服务，并针对快消行业客户的不同的物流需求，提供恒温仓储、冷链运输等定制化物流服务，提供具有市场竞争力的物流服务。邮政物流拥有专业的快消项目团队，具有完善的管理规范，依托控制塔管理体系，强化精益管理，为国际国内的知名快消类企业提供行业领先的供应链服务。

邮政物流与快消某客户以省内运输配送业务为起点开展业务，逐步发展为全国性的供应链一体化合作，服务范围包括原材料运输、总仓服务、分仓服务、一级配送、二级配送等供应链全环节服务，涉及全国 13 个省份，仓储面积超过 16 万平方米；服务产品从单一的产品，拓展到客户全品类服务，物流合作规模达到亿元级。

4. 鞋服行业解决方案

基于鞋服企业遍布全国的实体店及网络销售需求，结合行业季节性需求及高流动性特点，为企业量身打造具有竞争力的供应链物流解决方案，快速响应企业在原材料运输、成品配送、门店调拨、退货、电子商务等方面的需求。

中国邮政目前与某服装客户合作，包含生产销售物流项目、商务件项目、电商项目、门店项目四大类，是集快递、物流于一体的全国综合型服务项目。该项目为客户提供基于"仓储＋配送"的总部中心仓库、区域分拨中心的仓储管理、更换吊牌、更换包装、贴洗标、熨烫等一系列库内增值服务，以及全国范围内配送到门、商超上楼、门店退货、异地调拨、代收货款等运输配送服务，并可提供全流程的信息系统追踪与查询功能。

5. 医药行业解决方案

中国邮政 EMS 为药品制造和经销企业提供西药、中成药、医疗器械等物流服务，并可根据客户需求实现整车直送、零担快递、全环节控温、恒温冷链物流服务，确保药品的全程时限和安全保障。为客户提供从工厂到企业和个人的安全、高效的医药物流服务。

2004 年，中国邮政与某国内医药龙头企业开启了长达十余年的项目合作，提供安全高效、定制化的医药物流服务。邮政医药物流通过覆盖全国的自有航空、陆路运输网络为客户提供整车、零担、快递、冷链运输等一体化物流服务，根据客户需求提供包装加工、药品退回、药品贴签等一系列增值服务，以及全国范围内配送到门、药品上架、医药返单等运输配送服务。中国邮政 EMS 紧跟国家和行业内政策法规动态以保证医药物流各环节的合规性，严格的监管流程制度，保障特殊药品的及时安全送达。

### 9.1.4 物流服务模块解决方案

（1）入厂物流。中国邮政 EMS 提供供应商库存管理、巡回取货、JIT/JIS、班车服务、往返线、仓库供应产线、直送产线等服务。

（2）销售物流。中国邮政 EMS 提供成品仓储及分拨、运输配送、网点投交、在途集并、门店调拨等服务等。

（3）售后服务物流。中国邮政 EMS 提供售后零部件仓储配送服务、退换货和异地换箱、废弃物回收等物流服务。

（4）销售支持物流。中国邮政 EMS 提供促销品/宣传品物流、样机巡展物流等。

### 9.1.5 电商平台物流解决方案

2019 年，邮政与菜鸟裹裹合作，为淘宝包裹的退换货提供了更丰富的消费者下单渠道。除传统的上门取件合作模式外，邮政利用覆盖城乡的网点优势，逐步将 5.4 万个中国邮政网点纳入菜鸟裹裹"去服务点寄"模块。通过菜鸟裹裹、支付宝、淘宝、天猫、闲鱼、钉钉等阿里巴巴运营体系内平台发起退换货订单时，可以在"去服务点寄"里找到离自己最近的邮政网点进行退换货。

## 9.2 中国顺丰速运的智慧物流和供应链解决方案

顺丰速运与 DHL 成为战略性合作伙伴关系，在中国推出"顺丰供应链中国"的供应链业务。顺丰速运提供持续完整的端到端服务，从原材料采购、生产、仓储、运输到进出口清关及"最后一公里"配送的供应链解决方案，利用科技手段打造智慧物流，提供持续数字赋能打造物流生态圈。

顺丰科技已经建成了大数据整体生态系统，成为顺丰天网、地网、信息网的"黏合剂"。已完成数据采集与同步、数据存储与整合、数据分析与挖掘、机器学习、数据可视化等平台的构建。顺丰科技在建设底层平台的基础上，结合大数据与人工智能技术，广泛应用于速运、仓储、冷运、医药、商业、金融、国际等业务领域。建设了包括智慧管理平台、智能决策平台、物联网实时监控平台、智慧仓储系统等一系列大数据产品和系统。顺丰科技融合人工智能到实际业务场景中，打通各个流程，进一步推动物流全链路的信息互联互通，通过机器学习、计算机视觉、运筹学和全局优化等人工智能技术，实现物流系统状态感知、实时分析、科学决策和精准执行，构建顺丰物流体系的"智慧大脑"（顺丰速运官网，2021）。

### 9.2.1　汽车行业的供应链解决方案

顺丰供应链为中国汽车零部件供应商、制造商、经销商及门店、互联网汽车服务商提供从计划、采购、制造、仓储、运输、逆向一体化的供应链解决方案。

顺丰供应链为某豪华汽车品牌提供售后零配件仓储及运输服务。顺丰供应链提供的仓储面积超过3万平方米，涵盖本地件及进口件收货，经销商订单处理、日常库存管理及贴标等定制化增值服务。顺丰速运利用空运、零担、整车、Milk – Run、夜间配送等各种运输方式保证该汽车品牌售后零配件的订单时效。该汽车品牌可以通过顺丰速运的物流信息管理系统追踪订单信息。

顺丰供应链为某国际知名摩托车品牌量身打造物流解决方案。顺丰速运负责该品牌包括整车及零部件的进口清关服务、中国分拨仓管理及售后运输服务。顺丰速运的仓库配备了定制化高层货架和阁楼货架、实现仓库利用率最大化。另外，仓库还引入了机器人AMR（Automatic Mobile Robot），实现机器人自动行走至订单相应货位，并且能够推荐最佳箱型。

### 9.2.2 生命科学与医疗行业的供应链解决方案

顺丰速运利用其自身的运输资源与网络能力，同时依托 DHL 以生命科学和医疗健康为重点的全球性设施网络，此外，顺丰速运还不断地提升其自身的科技能力，为医药行业客户，药品、器械与母婴保健的研发生产工业企业、医药商业零售与批发企业，提供符合 GSP（Good Supply Practice，药品经营质量管理规范）标准的系统化的端到端软硬件供应链解决方案，打通医药行业采购、生产、流通、消费、逆向五大链条，结合标准化产品和定制化解决方案，立体贴合不同客户场景，满足客户数据驱动生产、提升库内效能、运输交付可视、分段数据集成的需求，实现降本增效。

### 9.2.3 快消品与零售行业的供应链解决方案

快消品和零售行业拥有广泛的消费群体，涉及多个子产业，其产品生命周期短、消费频次高、销售渠道种类多样且复杂。同时，电子商务背景下的"新零售"更加重视实现线上和线下渠道的库存共享，高频度、高时效的运送，为消费者创造极致的消费体验。顺丰速运打造了完善的店配网络，自动化仓储系统为客户提供智能化、灵活化、高效化的供应链服务。

顺丰速运为某快消品客户的 180 个零售门店，以及其电商平台提供仓储运输服务和贴标、更换吊牌等增值服务、采用 B2B 和 B2C 一起盘货的运营模式，最大化库存共享、利用自动化机器人的仓储解决方式，实现货到人，满足客户"双 11"等大促活动庞大的订单需求。

### 9.2.4 高科技电子行业解决方案

顺丰速运将高科技电子行业细分为具有不同价值主张的八个子行业——服务器及储存系统、移动设备及附件、打印机扫描仪、半导体设备、电子通信设备、娱乐和视听设备、电子元件及设备、电脑及笔记本。针对每个子行业进行供应链解决方案设计。

顺丰速运为某大型科技企业提供专业的小件、多品类的保税物流解决方案，覆盖从入库、收货、品类管理、上架、发货等保税仓储服务，贴标、换箱等增值服务及报关、报检等清关服务。顺丰速运整合该大型科技企业上海、威海多仓库园区，实现资源共享，严格匹配客户的供应需求。

顺丰速运为华南大型电子制造商提供入厂物流解决方案，含保税及普通仓库，VMI 管理，逆向物流，珠三角 Milk – run 及长途运输，项目规模达 15 万平方米及 10 万个 SKU，月均发车 2500 辆。项目实现自动化和数字化管理，如 KIVA 无人仓、无人叉车、自动贴标、自动分拣、订单和运输实时监控等。

### 9.2.5　工程与工业制造行业解决方案

顺丰供应链为工程与工业制造行业提供入场运输、入场运作、仓库运营、售后（成品）运输、供应链战略规划、MRO（Maintenance：维护；Repair：维修；Operation：运行）及关务等供应链解决方案。

顺丰速运为某国际电梯公司提供定制型大件重物仓储解决方案，包括产品入库、存储、拣货并配套装车等。

顺丰速运某国际大型客机制造企业入场物流解决方案，提供从场外存储、场间运输、场内存储、配料上线一条龙服务。

顺丰为某国际工业制造企业提供自动化流水线的仓储解决方案，包括提供来自海外及国内原材料的入库、收货、品类管理、上架、质检、包装等自动化流水线仓储服务及运输和增值服务。

### 9.2.6　丰景台

丰景台是一款具备海量数据高性能分析能力的自助分析及可视化工具，面向业务和数据分析师，拖曳即可敏捷高效地进行商业智能分析和精美数字化看板制作。

### 9.2.7　顺丰无人机

基于解决各种特殊场景（特色经济、医疗冷链、应急配送、特种物流等）下物流运输的末端配送问题，顺丰研发了多旋翼无人机、垂直起降固定翼无人机、运营管控系统、通信系统、无人机快递接驳柜等。顺丰于2018年3月27日获得国内首张无人机航空运营许可证，可以为陆路交通不便的广大偏远地区提供高质量的物流配送服务，为特定行业提供通用或定制化的无人机产品和综合解决方案。

### 9.2.8　顺丰自动化与机器人

顺丰自动化与机器人可以为物流行业提供智能一体化服务。在整个快递流通过程中以高效、自动、智能的方式来减轻人员压力，提升用户体验、保证货品安全、确保快递时效、提升员工工作舒适度，促进物流行业由劳动密集型向智慧舒适型转变。基于物流各个环节中的实际业务场景，全面布局 AI 自动化，增强物流系统的容错力，提升处理复杂问题的能力，减少人工失误对物流服务质量的影响，保持并增强用户黏性。

### 9.2.9　顺丰企业"一站式"大数据平台

顺丰科技自主研发出"一站式"提供从数据接入到数据服务的大数据管理平台。能为用户提供数据采集、存储、计算、搜索、管理、治理等大数据能力，还能帮助企业完成智能数据构建与管理的管理能力。丰富而全面的组件提供完善的平台能力，帮助企业消除数据孤岛问题，打通各业务底层数据，增强企业数据管理能力。

### 9.2.10　顺丰 AI ARGUS 慧眼神瞳

顺丰 AI ARGUS 慧眼神瞳可实时监测各场地各类暴力违规操作，有效降低破损件和丢失件概率。为全网提供车辆装载率、车辆调度、运力监测和场地人员能效等基础数据。持续反馈各场地实时装载率数据，优化运力成本。实现全网标准化业务管理，6S 管理，消除管理黑洞。

### 9.2.11 顺丰"一站式"地图服务解决方案

在客户下单、智能调度、中转分拣、规划运输、末端配送等环节积累大量数据，沉淀多种物流解决方案，提供货车和骑行场景的高效路径规划服务，为业务赋能。

### 9.2.12 顺丰"一站式"智能移动办公平台

以沟通、分享、协作、激活、开放为产品价值，为企业提供信息透明化、传达更精准、高效协同工作等智慧办公解决方案，提升管理效能。

### 9.2.13 顺丰货运互联网交易平台

通过智能算法、深度学习等科技手段，为顺丰自营车队、供应商车队及社会个体车辆提供海量内外部货运资源，提升车货匹配效率、降低货物运输成本，为客户提供更好的服务与体验。

### 9.2.14 顺丰云

顺丰科技的云计算服务，提供云服务器、云数据库、云存储和负载均衡等云计算服务，支撑着大数据、人工智能、智慧地图等新科技应用，提前资源布局，掌握核心技术，是业务科技化发展的基石。

为顺丰提供高效率、高效益、高质量的"一站式"云计算解决方案。旨在解决 IT 基础设施的复杂度、稳定性、可伸缩性和灵活性等问题。使用户能够根据业务需要，自主配置云计算资源，帮助顺丰孵化性快递业务落地。

顺丰积极推广"物流云生态"战略在物流行业落地，面向供应链上下游进行科技能力输出，从而推动中国物流行业科技力量的整体转型与升级，提升中国物流行业在国际物流业中的整体水平及竞争力，实现共同发展与进步的行业良性循环。

### 9.2.15 顺丰可持续包装解决方案

顺丰科技可持续包装解决方案服务中心（SPS），成立于2013年，以可持续、智能化为方向，在快递、冷链、重货、特种等物流领域，推出了近百套标准化专业包装解决方案，为顺丰物流网络及客户提供了1000余套定制化包装解决方案。

SPS以减量化、再利用、可循环、可降解为纲领，聚焦客户和市场，以降低成本、提升质量、业务增长为导向，提供最具有竞争力的"包装＋"解决方案。由SPS推出的循环包装箱"丰·BOX"，共获得15项国家专利。与一次性纸箱相比，丰·BOX不仅实现了用拉链代替封箱胶纸、可折叠、减少内填充、抗压防损、防水等结构创新，并有效解决了成本高、破损多、操作效率低、资源浪费等问题。同时，丰·BOX拥有多达50次的使用寿命，能从实际应用上践行绿色可循环的环保理念。

### 9.2.16 顺丰信息安全解决方案

信息安全解决方案，以基础架构、应用、数据安全为基础，旨在用管理体系支撑合规经营，打造行业安全标杆、将安全融入业务，使安全体系认证国际化、国家等保测评常规化、安全要求落地平台化、安全咨询服务产品化、定期风险评估流程化。利用大数据及互联网安全技术，为业务提供主动、快速的信息安全服务，做信息安全的守护者。

### 9.2.17 丰溯区块链解决方案

丰溯利用区块链技术，联合顺丰速运、第三方质检机构、政府部门共建区块链溯源联盟链，杜绝数据篡改，同时解决了传统溯源的数据中心化存储、产品窜货等痛点。丰溯已经在医药、食品、跨境商品等多个行业落地应用，具备相关行业的解决方案和实施能力。丰溯采用全球通用的 GS1标准。GS1（Globe Standard 1）是 1973 年由美国统一代码委员会建立的组织，该系统拥有全球跨行业的产品、运输单元、资产、位置和服务的标识标准体系和信息交换标准体系，使产品在全世界都能够被扫描和识读，支持一物一码。帮助医药企业客户构建符合政府监管的从生产线到医院的医药溯源体系，提供药品监管、供应链优化和全球化拓展等溯源服务平台。

丰溯溯源将满足政府监管作为目标之一，推动药品生产流通企业落实主体责任，使用物联网自动化技术采集留存覆盖从生产线到医院的相关原料来源、生产过程、购销记录等信息，保证药品的全流程可追溯。溯源码支持离线解析。溯源码采用人眼可读的明文格式，按照 GS1 规则即可解析溯源码各字段含义，不需要依赖第三方，保障了溯源码的独立性。

## 9.3　中国申通速递的智慧物流和供应链解决方案

申通云仓为电商企业提供仓储、配送一体化服务运营。申通速递提供"一地建仓，发货全国"，或者"全国分仓，就近发货"的仓配一体化服务。申通速递拥有专业化的仓库、"一站式"订单代操作系统、自动分拣流水线及专业的 IT 系统解决能力。

专业化仓库。统一高标仓、高存储货架、自动喷淋、2 小时动态智能监控、万级财产保险，库内操作全面支持 WMS 管理和仓内货物条码管理，按统一标准化流程实现精细化操作。

"一站式"订单代操作服务。帮助客户完成商品入库、质检、上架、存储、分拣、打包、配单、指派、出库、退换货等一系列操作。

自动分拣流水线。申通云仓大部分仓库直接把中转中心集成在仓内。在仓内直接完成包裹的分拣、集包及中转作业，省却快递收货、集中、再中转环节，大大降低转运及不规范分拣造成的丢件、票件破损等。分拣集包完成后，包裹直接进入下一个中转中心或开始配送。

专业的 IT 系统解决能力。涵盖仓储管理系统、配送管理系统、客服中心管理系统，实现商品出入库管理、库存管理、打印订单管理、分拣货物管理、打包管理、退货管理、分仓管理、供应商管理等过程管理的全程监控。及时完成订单 Web 端查询、订单快递信息查询、订单 7×12 小时及时处理信息等（申通速递官网，2021）。

## 9.4　中国圆通速递的智慧物流和供应链解决方案

圆通云仓自 2012 年开始仓配网络建设，利用信息化技术通过专业的仓储服务与快递网络优势，实现全渠道仓储＋配送的仓配一体化服务。圆通速递利用国家工程实验室研发优势，为客户提供安全、高效、智能的全程冷链服务。圆通冷链导入了三大核心科技，即高效安全的智慧冷链物流系统、多维度可视化实时温湿度监控和智能温控新技术包装解决方案。圆通速递为各类产品即行业量身打造供应链解决方案。

### 9.4.1　圆通云仓

圆通云仓科技有限公司是由圆通速递投资的供应链管理公司，业务类型包括计算机软硬件技术开发和转让、技术咨询、仓储服务、电子商务跨境业务、冷链管理等。圆通云仓包括云仓信息平台、仓储管理、方案设计、IT 系统支持、物流配送服务及增值服务。

（1）云仓信息平台。ERP 商户接入系统、OMS 订单管理系统、WMS 仓储管理系统、BMS 计费管理系统、BI 数据分析系统。

（2）仓储管理。入仓管理、收货清点、商品质检、库存管理、循环盘点、货品拣选、多品包装、出仓验货、包裹发运、退货处理。

（3）方案设计。运营问题诊断、运营数据分析、订制解决方案、物流结构规划、运作流程设计、管理系统设定、仓库选择规划、库内设施改造、库内设备配置。

（4）IT 系统支持。订单管理系统、分仓监控系统、仓储管理系统、配送管理系统、前端订单抓取工具、移动物流工具、ERP 系统对接。

（5）物流配送服务。干线运输、区域配送、门店配送、分仓调拨、快递配送、平台入仓、智能筛单、线路优化、包裹跟踪、承运商管理、赔付机制。

（6）增值服务。仓单质押贷款、货物保险购买，包材设计集采，贴标及换包装，产品组合加工、其他定制服务（圆通速递官网，2021）。

在此，对 ERP 商户接入系统、OMS 订单管理系统、WMS 仓储管理系统、BMS 计费管理系统、BI 数据分析系统做简单的说明。

圆通速递的 ERP（Enterprise Resource Planning，企业资源计划系统）系统包括商品管理、订单管理、库存管理、统计报表、日志管理及基础配置等。商品管理包括普通商品管理、组合商品管理，支持线上系统商品对应，促销活动支持等。订单管理包括审单、打单、验货、已发货查询、异常（反馈异常、下发异常、获取面单异常等）、订单查询、售后管理等。库存管理包括库存查询、预警、盘点、库存同步等。统计报表包括销售情况、发货统计、物流统计、代发货统计等。日志管理包括单据日志、库存日志、库存同步日志、打印日志、系统操作日志等。基础配置包括店铺渠道管理、仓库 & 库位、物流规则、打印模版、电子面单账号、流程配置、分配逻辑、地址配置等。

圆通速递的 OMS（Order Management System，订单管理系统）系统可满足内贸、跨境、O2O 业务订单统一管理。主要包括基于云仓网络寻找可配置的仓库，可进行智能化的订单自动寻仓、自动订单优派、智能分仓等功能。支持全局的订单流转信息监控管理、实时的订单接口监控的订单管理功能。支持按规则（如按体积、重量、商品类型等）自动拆单、合单等订单处理操作等。支持统一的异常报错界面，能够支持运维人员快速异常定位。支持统一的客服工单管理服务等。

圆通速递的 WMS（Warehouse Management System，仓库管理系统）系统管理基于电商物流、冷链物流、传统物流的特点设计，支撑园区多业态场景，集成行业最佳实践业务模型，能够通过快速配置，实现对于各种特性仓库管理的支持。支持入仓管理、收货清点、商品质检、库存管理、循环盘点、货品拣选、多品包装、出仓验货、包裹发运、退货处理

圆通速递的 BI（Business Intelligence，商业智能）系统可满足云仓进行分级展示，从全局或者全区域的整体 BI 数据分析，再到对各个单独仓库的出库数据、入库数据、库存数据等进行展示分析。同时对应数据权限要进行控制，针对每个仓库的每个角色的用户提供针对性的数据分析，如仓库级、货主级、商品级等。支持多维度展示、EIQ 分析报表、异动报表、ABC 类分析报表、SKU 周转率、库存周转率、库存快照、临期预警、聚类分析、智慧分仓、仓库热力图、快递分析等多项数据分析展示与看板。

圆通速递的 BMS（Business Management System，业务管理系统）系统可满足完整的业务财务管理需要，提供计费、核算、对账、结算、应收应付、实收实付、核销、发票等管理功能。支持仓储费用管理、装卸费用管理、质检费用管理、收货费用管理、上架费用管理、订单费用管理、拣货费用管理、复核费用管理、台账管理、对账单管理、计费规则配置管理等。

圆通速递的 TMS（Transportation Management System，运输管理系统）系统可满足长途干线运输和城市配送业务管理需要。支持路线管理、车辆管理、运输任务调度、派车调度、在途跟踪、签收回单、统计分析等管理功能

### 9.4.2 圆通冷链包装解决方案

高效安全的智慧冷链物流系统使从客户下单到 OMS、WMS 发货、TMS 运输到 BMS 结算、EDI 联结上下游、圆通冷链信息化覆盖全流程。多维度可视化实时温湿度监控能够实现订单全程状态追踪，多维度实时可视化监

控，拥有完善的自动预警机制和清晰的监管、处理记录，确保商品在规定的低温环境下存储、运输、配送。智能温控新技术包装解决方案。着力于冷链包装新材料、新包装方案、新验证技术、新标准的研发，可为客户提供个性化的智能冷链包装解决方案，满足多种包装需求；食品级包装材料，可循环使用，绿色环保，更为客户降低物流成本。

圆通冷链系统打造"鲜仓""鲜运""鲜配""冷链包装解决方案""一站式"冷链配送服务体系，充分整合圆通空运、陆运、仓储资源，圆通冷链三大核心科技为生鲜客户提供全面的运力保障，运用专业的冷藏车，全程保鲜，同时为配送严选最优路线，并通过高科技、大数据支撑圆通冷链的高效、安全、优质的服务体系。

### 9.4.3 圆通特色经济解决方案

圆通速递针对全国各地区特色经济产品推出全新服务——特色经济产品个性化解决方案，通过"快递+电商"，打造"销售""运输""鲜配""一站式"销售配送服务体系。

圆通助力烟台大樱桃农产品上行解决方案。圆通针对樱桃寄递特性，相较以往的水果寄递方案做出极大创新和改良；启用航空资源运输提升运输时效，配置专属客服，提供多种增值服务，并研发了专属包装方案。为助力农产品上行，实现互利共赢，圆通与行业协会，大樱桃生产、加工、进出口、储藏企业，专业合作社、大樱桃种植户、果品经销商、商超、电商联合合作，增强我国大樱桃科技创新能力，扩大产业规模。同时，利用圆通自有渠道为当地商家、果农宣传推广，为产地创造更大的经济价值和品牌价值。

实施"快递+电商+新零售"模式，解决农产品"卖难"问题。为全国消费者提供新鲜、质优、价廉的农特产品，帮助众多偏远地区的农产品摆脱滞销困局。

助力西北农特产品快速全国化消费。猕猴桃上市的时间在每年的电商网购"双节"前夕，因快递运力不足，果农将承担巨大经济损失，为帮助周至县解决当地猕猴桃物流运输问题，圆通通过自有全货机、快递智能化分拣设备等多链路保障猕猴桃快速进出港，最大限度地保障猕猴桃"从田头到舌尖"的保鲜程度，保障了果农创收、同时为商家降本增效，圆通在创新的道路上继续前行，助力西北区域农特产品走向更远。

### 9.4.4 圆通鞋服行业供应链解决方案

供应链优化服务。提供从工厂到仓库、经销商、门店和消费者的全链路供应链优化。包括生产计划、工厂提货、仓库选址、运输方式和资源配置。为客户提供"总仓 + 分仓"操作模式。根据客户的运作特点，选择区域分仓、季节性分仓和活动分仓等方式。

多 SKU 运营服务。系统开发和流程设计针对多 SKU 的管理环境，实现 99.99% 的库存库位准确率和 99.99% 的发货准确率。

行业特色作业服务。应对服装行业特点，匹配专业策略。存储方面如提供挂衣存储，特殊材质的恒温恒湿存储环境；作业方面如销退缓存高速拣选，实现销退的迅速上架和周转；增值服务方面如服装熨烫、更换包装、更换标签、外观质检等（圆通速递官网，2021）。

### 9.4.5 圆通食品美妆供应链解决方案

供应链优化服务。提供从工厂到仓库、经销商、门店和消费者的全链路供应链优化。包括生产计划、工厂提货、仓库选址、运输方式和资源配置。为客户提供"总仓 + 分仓"的操作模式。根据客户的运作特点，选择区域分仓、季节性分仓和活动分仓等方式

效期管理服务。圆通 WMS 系统及业务流程全面支持各种效期管理原则，实现品牌商对售卖商品效期的严格管控，避免产品质量风险

组合包装服务。圆通针对产品属性和常见订单组合，制定多种产品组合包装方案，提供包材和填充物设计、选择和采购、包裹强度测试、避免

运输过程中出现破损（圆通速递官网，2021）。

### 9.4.6 圆通小家电供应链解决方案

针对家电、纸品等产品重量大、体积大的特点，圆通通过对客户历史运营数据的分析，设计平行分仓，产地设置总仓，分仓地域可以覆盖华东、华南、华北、华中、西南、西北，利用干线运输、分仓备货、区域配送的方式，将单纯快递成本转换成干线运输加区域配送的综合成本，降低物流费用，实现客户产品销售全国的物流需求（圆通速递官网，2021）。

### 9.4.7 圆通3C数码供应链解决方案

供应链优化服务。通过对客户历史运营数据的分析，结合客户产品属性，帮助客户实现全国网络化平行分仓。产地设置总仓，分仓地域可以覆盖华东、华南、华北、华中、西南、西北，利用干线运输、分仓备货、区域配送的方式，全面提高分仓所在区域订单履行时效，大幅提升客户物流体验。

提升客户体验。圆通基于优选快递组合逻辑，通过数据分析，优选线路快递供应商，实现每个包裹相对较好的配送品质。同时，圆通"一站式"客服团队提供全程订单监控，当订单出现异常时，提前告知，及时响应，在买家提出问题前协助卖家解决物流问题，提高客户的物流体验。对3C数码类产品进行出库序列号管理，协助卖家监控每个产品的物流过程信息（圆通速递官网，2021）。

## 9.5 中国中通速递的智慧物流和供应链解决方案

中通速递加强与中国制造业合作，谋求快递加制造业的供应链服务融合发展模式，促进中国制造业提升核心竞争力。

### 9.5.1 中通与一汽富晟的供应链服务融合发展模式

中通速递与长春一汽富晟集团有限公司（以下简称：一汽富晟）合作，形成了入厂物流、订单末端配送、区域性供应链服务融合发展的成熟模式。

一汽富晟是一汽集团的零部件配套供应商，业务主要以汽车零部件制造业及汽车备件仓储物流业为主。2018年8月，为共同拓展全国主流汽车品牌售后物流业务、打造高水平的汽车物流服务体系，中通与一汽富晟签署战略合作协议，承接并提供了集约化、专业化、定制化的快递物流服务。签署战略合作后，中通快速布局快递进厂，两个月后，中通进驻到一汽富晟库房，后面储存货物，前面快递打包，将自身的服务链条延伸到零部件销售上下游全流程，包括包装、配送运输和末端配送等。

汽车零部件对包装的要求很高，要防震、防散，还要抗压。中通速递配备了30多种不同规格的包装盒，并采买专业包材。另外，中通工作组还定期对员工进行培训，根据各类汽车零部件的特征采取最适合的打包方式。目前，运输破损率已接近为零，为制造商企业减少了破损成本和退货成本。此外，中通还提供快运、快递等不同的运输模式，帮助制造业降低物流成本。到2020年年底，随着业务量的稳步增长，中通快递驻长春一汽富晟项目组由最初的10人，增加到目前的60余人，日均配送量也由最初的100多单增长到近3000单，月营业额最高可达800万。

不同零部件加上个性化快递包装服务，是快递业与汽车制造业共生、互利共赢的开始。然而，要完全适应汽车配件周转快、分布广、需求急等特点，高效的快递配送是关键。在全国，一汽富晟早已形成以长春本部为主，成都、佛山、青岛、天津基地为辅的布局，通过打通中心仓与各中转仓的信息通道，实施"多点多仓、就近配送"的分仓备货模式。为此，中通也积极与一汽富晟规划衔接，先后在长春、北京、成都、广州四仓设立"入厂快递"服务，在快递物流服务网络布局上实现与制造业的协同布局。

成都仓主要为奥迪、速腾、捷达等汽车品牌提供零部件供应，每天业务量在 1000 票左右。此外，在长春仓操作现场，中通根据发货的紧急程度设置了多种快递通道。例如，三包验收区和绿色通道里的货物都属于急用品，要求当天到、当天发，服务质量也得以提升。

中通为一汽富晟节约了将近 50% 的成本，提高了效率。一汽富晟上线了自动化提货机，以匹配中通的效率加快零部件出库。中通为每家 4s 店、每种包装箱都有专属的编号，实现快递物流全链条可视化、透明化和可追溯。

一汽富晟项目是中通在服务制造业上的一支标杆，经过两年的磨合，中通在服务汽车制造领域的能力和水平得到提升，一汽富晟零配件供应链组织效率和市场竞争力显著提升。中通快递吉林管理中心已在长春国际汽车城区域内购置土地 21.66 万平方米，计划总投资 10 亿元，上线更多快递基础设施，打造东北智能电商产业园项目。通过在制造业聚集区建设集约共享、智能高效的快递物流基础设施，将"快递 + 制造业"更加紧密地联系在一起，帮助制造业企业把有限的资源聚焦于核心业务，实现由成本节约向价值创造的转变。

### 9.5.2 中通为安吉座椅制造业打造个性化物流服务

中通快运是中通快递集团旗下的零担物流品牌，精心打造 10 公斤以上的大规模货运业务。2016 年 8 月 26 日，中通快运起网，是中通快递集团迈向加强生态建设、向综合物流服务商转型的重要一步。成立三年多来，中通快运年货物运输总量不断攀升，逐渐跻身快运领域领头羊。在安吉这个以座椅、家具等大件为主的业务市场，自然离不开中通快运的一番作为。

浙江安吉是我国著名的座椅产业集聚地，也是全球著名的座椅生产基地。2018 年度，安吉椅业销售收入达到 394 亿元，利税贡献值在全县主要行业中排名第一。在企业规模方面，安吉椅业企业总数达 700 余家，其中规模以上企业 176 家，产值亿元以上企业 54 家，上市企业 3 家，多家企业通过"浙江制造"认证。位于安吉转椅市场内的范潭网点，是安吉中通快递所辖最大的网点。该网点日均发货量在 15 吨左右，基本都是椅子。椅子、沙发没有季节性的特点，常年发货量都比较稳定。

为了将货物更快、更安全、更便捷地送到收货人手中，安吉中通采取了"大件直发"的运营模式，将货物直发目的地，最大化减少中转装卸、合理化调用社会车辆资源，在当地市场占据非常有利的竞争优势。

## 9.6 中国百世快递的智慧物流和供应链解决方案

百世快递提供百世云仓服务，为客户优化供应链管理。

百世云仓，应用物流数据分析和网络化分仓、管理运输、快递资源，为品牌企业提供的仓配一体化的物流外包服务、降低物流成本。百世云仓的仓配一体管理有效整合了资源、利用自营物流资源提升了客户的配送体验。百世云仓的分仓物流结构满足了区域订单，优选了快递组合，实现了精益生产管理。百事云仓打造了标准作业流程、领先管理体系、行业智慧应用，为客户提供一体化的物流综合服务，主要包括供应链优化、多 SKU 经营、客户入仓、合作建仓等服务。

（1）供应链优化。利用百世全国仓储和运输资源，为客户提供从工厂到仓库、经销商、门店和消费者的全链路供应链优化。包括生产计划、工厂提货、仓库选址、运输方式和资源配置。为客户提供"总仓 + 分仓"操作模式。根据客户的运作特点，选择区域分仓、季节性分仓和活动分仓等方式（百世快递官网，2021）。

（2）多 SKU 运营。百世具有茵曼、韩都衣舍等 TOP 客户的实战运作经验，系统开发和流程设计针对多 SKU 的管理环境，实现 99.99% 的库存库位准确率和 99.99% 的发货准确率；行业特色作业：应对服装行业特点，匹配专业策略。存储方面如提供挂衣存储，特殊材质的恒温恒湿存储环境；作业方面如销退缓存高速拣选，实现销退的迅速上架和周转；增值服务方面如服装熨烫、更换包装、更换标签、外观质检等。

（3）客户入仓。百世为客户提供包括人员、场地、硬件设施、WMS（仓储管理）系统、作业方法、流程设计、管理体系等整体物流外包服务。客户入驻百世仓库后可以享受到精益便捷的仓配一体化物流服务。

（4）合作建仓。客户自建或租用场地，购买相关硬件设备。百世电商按照客户物流需求和百世作业要求进行仓库规划，同时百世提供人员、WMS（仓储管理）系统、作业方法、流程设计、管理体系，负责日常管理，为客户提供仓配一体化物流服务。

# 9.7  中国韵达速递的智慧物流和供应链解决方案

韵达快递为客户提供"一站式"仓储配送服务、智能分仓发货服务、联合仓服务及联合仓系统平台等服务。利用其运输配送资源和信息网络资源，为各行业客户打造个性化的供应链解决方案服务。

## 9.7.1  韵达的化妆品供应链解决方案

针对化妆品的包装玻璃制品较多，化妆品液体、乳液状制品较多，运输过程中容易倒置等特点，韵达速递打造了针对化妆品行业的专属供应链解决方案。包括专业的数字化库存管理，减少库存差异率及货物错发率；合理优化存储及操作空间，提高订单分拣、复核及出库速度；针对化妆品品牌较多的问题，研发商家客户端系统的多品牌策略；仓库包装时严格做好防护措施，减少运输破损。

## 9.7.2  韵达的家居纺织类供应链解决方案

家居纺织类商品一般具有发货件数少，重量较轻、体积较大，商品库存种类随季节变化而增减等特点。韵达速递针对家居纺织类商品推出了定制化的供应链解决方案。包括订单包装纸箱后按计泡商品发货，测试实际商品装箱情况，适度改小纸箱规格，降低计泡发货成本。

发货需指定商品使用指定纸箱，制定每个 SKU 单件商品的装箱标准，仓库按商品规格标准选择纸箱包装等。

### 9.7.3　韵达的服装服饰类供应链解决方案

服装服饰类商品一般具有发货件数多，商品重量轻、体积大，商品库存种类随季节变化而增减等特征。韵达速递针对服装服饰类商品打造了个性化的供应链解决方案。包括对商品进行库位的合理设置，根据系统的库位设置优先等级进行分拣；针对活动产生的超买情况进行问题分析，制定后期紧急补货的风险控制；对物流评分提高进行问题分析，并协助商家提高物流评分等。

### 9.7.4　韵达的食品类供应链解决方案

食品类商品一般具有保质期及生产批次需要严格控制、存货多以整箱为主，网上销售平台多样，液体类食品配送过程中极易破损等特点。韵达速递针对食品类商品打造个性化供应链解决方案。包括分仓服务、优选省市区域派送、不能与其他液体类商品混放、定期清理库内环境、批次管理、先进先出等。

## 9.8　中国京东物流的智慧物流和供应链解决方案

京东物流为不同行业量身打造有竞争力的供应链解决方案。京东科技提供综合性服务全面助力各行业机构数字化转型。

### 9.8.1　京东家电行业供应链解决方案

京东智慧供应链为商家提供覆盖从工厂提货、区域仓、省仓、门店到终端消费者的端到端全链条、B2B2C的仓运配一体服务。利用京东物流运配能力及京东网络资源，为商家提供大家电的逆向验机、处置、维修、以旧换新等多种正逆向一体化服务。依托于京东的仓网资源及协同京东商城商流规划，通过计划性的前置库存，提高商家入仓体验，同时优化商家供应链运转效率，提高供应链计划性，优化供应链整体运作成本。为家电品牌商提供多渠道库存融合服务，实现精准库存管控，提高供应链效率，降低资金占用与运营成本。

### 9.8.2　京东服饰行业解决方案

依靠京东物流仓配网络的能力及多元化的物流服务产品为服饰门店场景打造定制化的供应链解决方案，实现门店库存优化、门店调拨、门店直发等多层级服务。基于零售变化以品牌中心仓、区域仓等为核心提供线上线下一盘货的全渠道物流解决方案，实现工厂、仓储、门店、C端用户全场景供应链服务。提供服饰正逆向增值服务，规范增值服务标准，结合京东物流自动化设备应用提升服饰增值服务运营效率。协助品牌商优化供应链网络，合理进行品牌仓网及多级库存布局，门店智能补货设计等，提升整体供应链效率。

### 9.8.3　京东消费品行业供应链解决方案

为消费品行业客户提供数字化、可视化、智能化的一体化解决方案，将基础物流与创新科技深度绑定，向传统消费品行业客户提供全渠道 E2E（end to end，端到端服务），实现供应链升级。为高端消费品企业提供安全可靠的专业仓储服务及全程可视化运输配送管理，确保货物安全；依托网络优化、5G 园区、自动化技术，提供科技赋能。为品牌商提供多渠道信息整合、库存共享、消费者商家融合的一体化物流服务，降低供应链管理成本。满足消费品行业各渠道配送需求，提供线下门店、商超卖场、线上渠道、O2O 及社交电商等多场景配送服务，助力品牌商多方触达终端消费者。

### 9.8.4 京东卫浴产地仓行业供应链解决方案

京东物流推进卫浴行业基础仓配能力搭建，解决大小件同仓、入仓难、组套订单发货等痛点，实现仓干支装全链条解决方案。客户将只需坐在家中，就可以放心体验软体产品送货上楼。为居家商家提供全链路一体化服务体系，支持专业家装"一站式"服务。打通"渠道碎片化，场景多元化，客户数字化，管理统一化"的家居行业需求，客制化家居供应链解决方案，提升库存使用率，降低资金成本。

### 9.8.5 京东消费电子行业供应链解决方案

京东物流智慧供应链可为企业提供从工厂提货、总仓、分仓、营业厅到终端消费者的端到端全链条、B2B、B2C仓运配一体化服务，通过灵活的资源配置支撑新品首销、大促等销售活动。可为通讯电子类企业提供备品备件类高标、精细化仓储服务，实现专车、手提、航空，快递、零担等不同业务场景下的精准派送服务，提供供应链一体化解决方案。利用京东物流逆向处置中心能力及京东服务家平台，为商家提供电子产品逆向回收、验视、处置、维修、以旧换新、DOA订单处理等多种服务。为工业电子设备提供定制化包装、带板与零担运输、重货卸货上楼等点到点、干支配等物流服务。针对全渠道销售的3C行业品牌，京东物流可提供线上线下一盘货库存共享服务，通过唯一码/串码的精细化系统管理实现库存管控，提高供应链效率，降低资金占用与运营成本，促进3C品牌商多渠道库存融合。

### 9.8.6 京东生鲜行业供应链解决方案

京东物流依托仓配一体的冷链仓网布局，联合区域优质冷链企业形成"骨干网＋合伙人"的创新模式，构建价值共创的社会化冷链协同网络，解决商家全国业务需求。依托冷链仓储、冷链卡班、冷链整车、冷链城配等在内的冷链 B2B 及 B2C 标准产品矩阵，完整贯穿冷链仓储、干线运输、城市配送各个环节，全面满足商家从工厂端到消费端的一站式冷链服务。依托在物联网技术、大数据与人工智能等新兴技术方面的前瞻布局，加速"人、车、货、场"要素的数据化升级，不断突破冷链行业在冷链自动化拣货、自动化分拣等多个领域的技术"瓶颈"。

基于产地、工业、餐饮、零售、进口共五大细分行业的供应链特性与差异，打造了从仓储到配送、从线上到线下、从硬件到软件的五大行业一体化定制解决方案，寻求供应链效率的裂变再造（京东快递官网，2021）。

### 9.8.7 京东汽车行业供应链解决方案

京东物流通过前置仓在城市核心区域多点备货，实现对 4S 店或者快修店的 1 到 2 小时极速覆盖的汽车备件核心城市极速达模式。依托京东物流网络能力，快速响应客户订单，提升客户体验。通过京东订单协同平台系统，打通备件全链路信息流，基于一套系统实现采购、销售全过程的信息化、可视化管理；数字化运营，全面提升供应链运作效率。发挥京东仓网布局的优势，整合主机厂、零部件制造商、经销商库存，实现一盘货管理，避免无效的物流及库存。利用京东平台整合的 10 万家快修店和汽配城拓展销售渠道。智能补货与补货，有效控制库存水平，提升订单满足率。

### 9.8.8 京灵智能服务人

京灵服务机器人将人工智能技术赋能于 7 Fresh 生鲜超市，创造全新购物体验。机器人作为新物种帮助 7 Fresh 提升品牌形象，吸引流量，为用户解答各类商品信息问题，帮助用户快速找到所需商品。同时，机器人作为智能终端可以获取到用户线下的有效数据并进一步和线上数据结合打通数据闭环和超市本身的促销、会员系统打通，成为移动促销宣传、会员拉新的新引擎。

### 9.8.9 AI 智慧园区解决方案

包含园区人员各个场景刷脸通行与消费，纯 AI "一脸通"；通过智能停车系统、智能访客系统、智能信息发布系统解决路难找、人难行、车难停、难访客等问题。标准 API 接口，简化操作步骤，方便集成。

### 9.8.10 智能客服全链路解决方案

基于海量数据及高复杂场景打造，融合产品、AI 技术、运营三位一体的整体解决方案。

### 9.8.11 智能供应链

聚焦生产场景中生产供应和物料管理等供应链环节，在采购、仓储和运输等具体场景中，通过一体化业务系统，同时深度整合智能决策 AI 算法能力、区块链电子合同和防伪追溯能力，全面提升生产供应环节可信赖性和效率，提供综合性的系统优化产品方案，赋能企业全面提升供应链流通水平。

### 9.8.12 智能云平台

实现企业业务数据、设备数据、外部数据等数据的统一管理，结合深度学习、机器学习等人工智能技术，洞察及挖掘数据价值，助力制造企业实现提质、降本、增效等目标。

## 9.9 中国苏宁物流的智慧物流和供应链解决方案

苏宁物流致力于打造社会化的高效供应链基础设施服务平台。苏宁物流针对多种行业量身打造供应链一体化服务。苏宁实验室研究开发出了超级云仓、机器人仓、无人重卡和无人车等智慧物流系统。

### 9.9.1　苏宁电器行业供应链解决方案

苏宁物流针对电器类用户，提供电器行业线仓配一体服务，提供高密度存储，降低仓储费用，降低物流费率。全链路一体化服务，仓、配、安、维一体化服务。

### 9.9.2　苏宁数码产品行业供应链解决方案

苏宁物流为数码产品商家提供完整的供应链解决方案，灵活选择入仓模式，全国配送无盲点，序列号管理，产品全链路追踪，高价值区域单独管理，提升货物安全，保障商户权益。

### 9.9.3　苏宁快消行业供应链解决方案

苏宁物流的快消仓配一体服务是聚焦快消品类目易漏液、易破损、效期难控、配送时效慢、成本高等物流端痛点问题而定制的服务产品；通过建立全国分仓体系、配送范围与深度、提升配送时效、降低物流成本及商品破损率，从而解决商家物流痛点，提升消费者服务体验；主要服务母婴、洗护等品类商家。

### 9.9.4　苏宁家居家装行业供应链解决方案

苏宁物流为家居家装行业提供高品质仓配一体化服务、专业送装一体服务。

### 9.9.5　苏宁冷链物流

苏宁冷链物流服务于高速增长的生鲜食品消费市场，专注于全场景、全客群、全渠道的智能冷链物流网络搭建和运营，面向行业和用户，持续输出高价值和高品质的生鲜冷链配送服务。目前，苏宁冷链已经在全国范围内布局46个冷链仓，配送网络可覆盖179个城市。

### 9.9.6 苏宁超级云仓

以苏宁超级云仓南京雨花基地为例，2016 年开始投入使用，建筑面积达 20 万平方米，配备了立体仓库、自动仓储系统、堆垛机、智慧城市链货到人拣选等一系列先进物流设备，可以实现约 2000 万件商品的入库、补货、拣选、分拨到出库全流程的智能化作业。

### 9.9.7 苏宁机器人仓

2018 年，苏宁物流在上海、济南已经投入使用机器人仓库，通过机器人和人"搭档"，实现"货到人"拣选。

### 9.9.8 苏宁无人重卡

2018 年 5 月，苏宁物流无人重卡"行龙一号"在上海、盐城高速场景测试成功。苏宁物流致力于推进无人重卡无人驾驶技术的研发和落地。

### 9.9.9 苏宁无人车

2018 年，苏宁物流无人车"卧龙一号"在北京、南京、成都实现落地试运营。用户在社区附近的苏宁小店下单，"卧龙一号"可进行无人配送。

### 9.9.10 物流云

基于云计算及大数据人工智能的智慧物流服务平台，一站链接软件、硬件、数据、产品、信息，形成可靠、稳定的云计算和数据化服务产品，围绕家电、快消、家装、美妆等多个行业，融合仓配、跨境、快递、快运、冷链等多个领域，向合作伙伴提供安全无忧、快速成熟的解决方案（苏宁物流官网，2021）。

### 9.9.11 天眼平台

可视化数据平台，面向物流及售后领域各层级输出包含实时数据监控、多维数据分析和数据服务。

### 9.9.12 乐高平台

苏宁物流自主研发供应链物流管理信息系统，以 LOS（即物流订单系统）为调度，整合了物流监控、物流作业、大数据分析三大系统群。

### 9.9.13 运输全链路监控平台

通过对全作业链路监控平台的应用，实现直播监控、运营分析、预测预警、智能策略、经营分析等全环节的监控干预执行。通过有效的环节监控指导，达到能效的充分发挥。

### 9.9.14 物流云行业解决方案

苏宁物流云平台合作伙伴已从传统仓储配送开放到仓储（微型仓、恒温仓等）、国际物流、城际物流、冷链物流、区域配送、售后6大专业化范围。以区域配送为例，苏宁小店、天天社区等区域性服务店的物流需求，将通过物流云平台的同城配送网络实现解决。同时，依托物流云平台的全国性同城配送网络实现该销售模式的落地推广（苏宁物流官网，2021）。

### 9.9.15 物流增值服务方案

随着苏宁物流云平台的服务标准更规范、服务品质更高，苏宁物流通过物流大数据的应用及客户行为历史数据的分析，为客户提供个性化、定制型的增值服务内容。

### 9.9.16 物流云计算服务方案

通过智慧物流的云计算、大数据等技术促成线上线下融合的智慧零售模式。物流云独特的优势和价值在于其多样化综合性的服务能力和无边界的扩展能力，这些物流云独特的优势也将推动苏宁广场线下平台，以及苏宁的超市、母婴、影城、体育用品、财富中心等专业店，与线上平台形成巨大的协同效应。智慧的物流还可以自主学习，无须人工干预就可以自行作出某些决策。

### 9.9.17 物流云 API 标准开放服务

物流云 API 标准开放基于集团资源，开放供应链、物流、售后及数据等服务，实现客户、服务商系统与物流云平台系统的完美对接，使业务的处理更加高效、便捷。

## 9.10 中国菜鸟物流的智慧物流和供应链解决方案

菜鸟物流提供中国国内和国外的综合型物流服务，并开发出了一系列菜鸟供应链数智产品。

### 9.10.1 国际干线

菜鸟物流进出口双向覆盖全球 150 多个国家，900 多个进出口空运线路，500 多个进出口海运线路，为客户提供跨境综合物流解决方案。菜鸟物流将国际货运服务由线下拓展到线上，全链路可视。

### 9.10.2 菜鸟港到仓服务

菜鸟物流提供港到仓和仓到港的进出口报关、报检等综合服务业务，覆盖海关多种特殊监管区域，以跨境电商服务为基础，积极开拓传统贸易业务，将传统线下拓展至线上。

### 9.10.3　国际关务服务

菜鸟物流为国际（跨境）贸易提供从通关、物流到外汇结算、税收等全方位关务服务；以归类、准入、准证为核心能力提供精准国际（跨境）贸易指导与关务解决方案，以专业的沟通建立关企互信；结合信息化关务系统实现货物进出境畅通、订单秒级清关，提供标准化数字清关服务。

### 9.10.4　跨境一盘货服务／菜鸟中心仓

菜鸟物流为商家打造的具备极致性价比的跨境物流枢纽服务，助力商家管理多渠道备货、存储、中转、发货。目前，菜鸟已在全国 15 个保税口岸及香港地区开通近 40 个中心仓，支持冷链、宠粮、OTC 等特殊品类存储要求，并提供跨境转大贸服务。

### 9.10.5　跨境一盘货服务／多平台发货

菜鸟系统直连多个跨境电商平台，为商家提供多平台 B2C 一件代发业务，同仓共享库存，库存利用率高。

### 9.10.6　跨境一盘货服务／调拨网络

菜鸟打造全国最大的保税调拨网络，为商家提供全口岸保税区间及保税区内的运输和报关服务，涵盖备货入库和退仓退供等全场景，成本低，时效快。

### 9.10.7　无忧保税

为淘系进口商家（天猫国际、全球购、考拉）提供的跨境进口电子商务领域的"一站式"物流服务模式，其服务主要包括商品入境前海关和商检备案服务、保税仓储服务及订单履行作业、国内配送服务及物流相关的增值服务。

### 9.10.8　一般贸易进口服务

一般贸易进口服务贯穿国际贸易流程中的进口代理、进口单证办理、以及国际运输、港口清关、仓储、运输和配送的全链路综合供应链解决方案。

### 9.10.9　国内配送服务

为商家提供当日达、次晨达、次日达、隔日达等时效服务，根据货品结构提供正向重货、冷链、大件、贵品等特殊品配送，提供逆向拦截及拒收退仓的承诺服务，同时通过智能算法为商家优选时效最优线路。

### 9.10.10　逆向物流服务

服务内容包含逆向配服务、承诺拦截服务、逆向仓储服务、人区退税再售服务。

### 9.10.11　出口供应链服务，LGF 海外仓服务

LGF（Lazada Global Fulfillment）海外仓服务是菜鸟为 Lazada 跨境商家提供的海外备货端到端物流服务，服务内容包括支持商家提前备货至海外仓，待消费者下单后，商品将直接由海外保税仓进行发货，目前已开通马来西亚、印度尼西亚等国海外仓服务。

### 9.10.12　AE 海外仓服务

为中国商家更好地出海，支持中国商品通达全球，降低国内商家国际供应链成本，联合生态合作伙伴，面向全球主要消费者所在区域，提供海外仓的全程端到端服务。

### 9.10.13　分仓宝

数智分仓让货品离消费者更近，以产品纬度指导分仓、实时分仓比计算、分仓安全库存判断、分仓科学补货频率测算。

### 9.10.14　预测宝

精准备货让部分人先看到未来联合销售预测；联合产销统一供应链数据模型，涵盖从需求预测，库存备货，消费者支付到签收的全链路。融通前端商品与后端货品，支持线上、线下多渠道数据在安全区整合。联通商家全链路、全渠道数据，通过智能数据化方式，实现库存一盘货管理，优化供应链网络、库存分布、到货时长。提供降低整体供应链成本（而不只是仓储配送成本）攻略：降低跨区发货攻略、提高资金周转速度。基于库存健康度的营销方案、货品库存和营销资源通盘考虑，可提高整体销售利润。打通商家销售、供应链、客服等多部门的数据协同，提升管理效率。

### 9.10.15　大数据生态

用数据驱动科技，赋能物流行业。人工智能，基于机器视觉、智能语音、机器学习能力助力物流行业实现降本增效。

### 9.10.16　云计算

聚焦物流行业，提供丰富、安全、稳定的云计算产品及服务。

### 9.10.17　IOT（物联网）

提供专业的物联网能力服务，实现物流全流程管控，打造一个数据驱动、开放、协同、共享的社会化物流平台，助力物流行业数字化转型升级。

## 9.11 美国 FedEx 的智慧物流和供应链解决方案

FedEx 提出"解决方案将人与一切可能性联系在一起的口号"。同时 FedEx 始终朝着不断数字化的未来迈进，通过各种技术工具和资源应对挑战，助力客户运输、管理和追踪货物。FedEx 能够提供解决方案，帮助客户将托运、追踪、费率、退件以及其他 FedEx 功能直接集成到顾客的网站或者顾客启用 Web 的应用程序中。FedEx Compatible 软件解决方案都已集成 FedEx 软件工具，帮助客户直接从需要的软件中，获取托运服务及其他您需要的服务。

FedEx 的供应链解决方案为客户提供了优质的环保的物流系统，它是一个人、服务和技术的互动和网络。通过建立一个整体的供应链，顾客可以更好地认识和把握商业机会。利用 FedEx 的供应链解决方案，顾客可以直接利用 FedEx 在供应链领域积累的几十年的经验，从而将更多的精力运用到自己的核心业务开发，客户的商业会更好更快地发展。FedEx 的供应链服务包括以下几点：

（1）最优化的网络设计。FedEx 会优化顾客运输网络的每一个组成要素，提高其整体效率。

（2）仓库选址分析。提升顾客物流一体化服务网络的速度和效率，保证顾客的物流中心是在最适当的位置。

（3）最优化物流方式的选择。确定以最低的价格最适当的运输方式来达到顾客想要提供的服务目标。

（4）供应链整体分析。通过公正的、终端对终端的分析来提高顾客供应链的效率。顾客可以切实感受到投资收益的提高。

（5）供应链工程和设计。通过重塑和优化客户的供应链因素，解决顾客在商业竞争中遇到的复杂问题。

（6）运输整合。通过运用多种运输方式来达到运输费用最低的目的。

（7）仓库和流通中心运营。通过优化仓储系统，使顾客的信誉更好，利润更高。FedEx 供应链能够提供以下服务：提升仓储空间、发展仓储业务、设计建设仓库、仓库员工管理、复杂的仓库和流通中心管理、供应链技术支持、仓库管理系统、劳动力管理系统、货物追踪和可视化、仓储自动化和新技术运用、包装和高附加值服务。

FedEx 为零售行业、科技和电子行业、医疗行业、工业行业提供供应链解决方案服务。

### 9.11.1 为零售业和网上商城提供一体化物流解决方案

FedEx 能够为使用任何渠道进行零售业务的顾客设计专属的物流供应链解决方案。能够使库存可视化、运输速度最优化、退货流程达到客户满意等。FedEx 的创新的软件解决方案可以使零售业客户轻松地管理零售物流供应链流程，赢得回头客。

### 9.11.2 为高科技产业提供供应链解决方案

高科技产业的创新速度非常快，所以说不能有很多的库存。FedEx 的供应链解决方案为高科技产业的客户解决这些难题，整体化的供应链运作赢得客户的信任。FedEx 能够提供安全的运输、安全的报关和维护、高品质材料包装设计、添加顾客感谢卡等服务，帮助高科技产业赢得客户的信任，维护高科技产品品牌。

### 9.11.3 为医疗保健品行业提供供应链解决方案

医疗保健品的时效性往往关系人的生命和健康，需要选择可信赖的安全的第三方物流公司承运。FedEx 可以提供这种高效的严格的物流服务。FedEx 的可视化的仓储服务同时保证了医疗保健品行业在运输过程中的安全性和透明性。

### 9.11.4 为工业企业提供供应链解决方案

对于工业企业，原材料和零部件会一直在供应商和生产商之间流动。供应链的效率性、准确性和速度会提升企业的竞争能力。任何时候任何地点任何时间都可以受到原材料和零部件是企业高效运作的保障。FedEx 供应链可以优化工业企业的流程。

# 9.12 美国 UPS 的智慧物流和供应链解决方案

UPS 供应链解决方案提供的 Flex Global View 可追踪全球数百件包裹和货运货件，查看并响应货件信息及发生的重要事件，协助客户管理全球运输工作和供应链管理，即使在多种运输模式的情况下，客户也可以获得全程可见服务，在商业竞争中脱颖而出。

使用 UPS 的供应链解决方案，客户可以对货物进行全程追踪。客户将货件相关编码输入至 Flex Global View（货代提单、UPS 追踪编码或货运参考）后，会获得信息的完全访问权——包括从货运商名称到货件递送签收人等包裹级别详细信息的全程信息。

使用 UPS 供应链解决方案的海关报关服务，可以使用为主要人员设置有关海关警报的自动提醒服务，确保客户的货件轻松过境。

使用 UPS 供应链解决方案的供应商管理服务，可以监控供应商采购订单的履行状态。客户可以通过自定义的一组关键绩效指标，追踪并比较供应商的绩效，以管理供应商订单。

UPS 供应链解决方案通过 Flex Global View 系统提供库存追踪服务。可以追踪架上余货数量和预订货品数量。通过 UPS 的物料管理和配送服务，可以自主监控配送中心的库存，更有效地管理订单，减少未售出存货量。

此外，UPS 通过 UPS Ready（运输整合软件）提供供应链技术解决方案。UPS 供应链解决方案的对象包括航空业、汽车业、电子商务业、医疗产业、高科技产业、工业产品、零售行业等产业。

### 9.12.1 UPS 航空产业供应链解决方案

UPS 非常擅长处理航空生产支持、备件配送和质量管理物流运营。包括入境制造物流，售后备件配送，配套、包装和其他增值服务，质量管理，可视化和控制塔监控与解决方案等服务。

2014 年，一架日本航空 JAL 787 Dreamliner 在檀香山国际机场撞上了一座喷气式飞机的机桥，损坏了左发动机罩。这使飞机无法返回日本维修。在假期的周末，找到一架全新飞机的备件（尤其是重近两吨的零件）并不是一件容易的事。

JAL 求助于 UPS，以解决在陆地和海上运输 3500 磅重的整流罩超过 2600 英里的后勤难题。UPS 非常擅长这个领域的应急处理，UPS 物流人员处理交付替换罩这一艰巨而细致的任务时，会每隔几小时就会给航空公司高管发送新的进展信息。UPS 安排了以地面运输的形式将新整流罩从 Chula Vista 运至圣地亚哥国际机场的平台上。虽然只有 16 英里的路程，但是这种类型的运输需要特殊许可和护送车辆。在圣地亚哥，前围板被装载到包机的波音 747 上，因为只有具有机头装载能力的 747 才能容纳此巨大的零件。飞机迅速离开火奴鲁鲁，然后维修后返回。为了完成这项工作，UPS 通过海运将受损的前罩运到美国大陆，以便在亚拉巴马州的一家工厂进行漫长的维修。檀香山机场向 JAL 提供了 7 天的时间移除停飞的飞机。通过集成地面运输、飞机租赁和海洋货运网络，UPS 不仅将新的前罩及时带到了夏威夷，还把损坏的零件送回了工厂进行维修。

### 9.12.2 UPS 汽车产业供应链解决方案

在汽车行业，客户都希望广泛的选项、全面的产品信息、快速的订单履行和无缝的退货。UPS 与数以千计的汽车制造商、经销商、售后零售商、服务中心和安装人员合作，满足这种独特的业务要求。UPS 的电子商务工具、供应链管理、运输解决方案和仓储及配送服务可以提供超越客户预期需求的服务，可以帮助客户减少新车辆平均递送时间，节省库存运输成本。

（1）UPS 提供经销商备件服务。创建独特的集中经销商配送模式，以确保客户的经销商可为客户提供卓越的服务。

（2）UPS 提供中央和现场库存网络服务。在全世界 120 多个国家设有950 多家网点，通过这些库存网点网络，帮助顾客减少运输时间和运输成本。

（3）UPS 提供即时制造支持服务。在客户需要的时间和地点提供零件，从而减少生产系统中的时间。

（4）UPS 提供特殊操作服务。无论是内部送货、街道入口送货还是楼梯送货，我们都可以为客户提供送货所需的特殊处理。

（5）UPS 提供同日运输服务。UPS 为客户提供符合成本效益的运输选项，包括一小时、两小时、四小时、六小时和八小时急件和下次航班，以及一整套次日运输选项。

（6）UPS 逆向物流管理。UPS 的逆向物流解决方案可帮助客户简化退件流程，同时尽量减少库存过多和库存不足的情况。

UPS Air Freight Premium Direct（UPS 航空加急件）如果客户有一个时间要求紧迫的国际货件，UPS 的航空加急件服务可以包括海关报关服务，可快速送达全球。

### 9.12.3　UPS 电子商务供应链解决方案

在电子商务的世界里，消费者每天都可以重新定义自己的预期，以实现灵活、及时递送。UPS 为在线商城提供适当的速度和成本组合的物流解决方案。

UPS Trade Direct 服务。可简化电商运输、特别是从亚洲到欧洲运输的定制服务。此概念很简单，将在原产地处张贴所有终端收件人的目的地运输标签。空运或海运时，所有包裹都合并为一个货件以方便清关。例如，在欧洲，货物被拆开，包裹被送往配送中心或最终消费者，不需要仓储。而且 UPS 公司处理缺货、空运货物运输或远程交货预约的可能性降低。

UPS Air Freight Consolidated 服务。当货件不是很重要时，此服务可以为客户节省成本，并且仍然可以让电子商城满足消费者的需求。UPS 制订航班计划，利用可用空间及延长的滞留，保证客户的货物仍然会在客户库存耗尽前到达。

UPS Preferred LCL 将低成本的海运、美国国内空运和地面货运网络的可靠性和速度结合在一起。船停靠后，货件可以在美国、加拿大和墨西哥快速追踪递送，避免了费时的铁路堆场延误和其他货物的大量堆积。通过简化的费率结构，客户可以更紧密地按时间满足货运需求。

### 9.12.4 UPS 的医疗保健供应链解决方案

医疗保健物流领域需要在满足客户要求的同时，保持产品完整性并遵循政府法规。医疗保健品行业需要时间和温度敏感性货品的存储和配送。UPS 利用全球医疗保健设施网络和保温服务完全满足制药、动物保健、生物技术和医疗器械产品的特殊储存和处理需求。

UPS 的配送和现场库存网络。UPS 拥有可植入医疗设备和手术包存储的现场库存网络，并提供当日递送服务。

1. UPS 的 IT 能力

UPS 全球集成仓库管理系统提供供应链可见性、报告和冗余系统。客户可根据实时需求，通过 UPS 的全球集成医疗保健 IT 平台调整生产。

2. UPS 的质量计划

UPS 拥有 200 多名全球专家，为客户的产品提供物流服务所需的要求。

3. UPS 的运输

无论模式或承运人如何，UPS 能帮助客户管理整个运输过程。对于重要生物制剂或临床试验货件，通过 UPS 的临床供应链子公司 UPS Express

Critical 和 Marken 运输。

4. UPS Temperature True 服务

以合理的价格针对移动温度敏感型空运货件提供制药级别的直接空运航线。这非常适用于运输温度要求较高的高价值产品。精选服务包括内置冗余和应急计划，以及主动监视和干预服务，帮助加急递送并避免包装到期。

位于华盛顿州温哥华的 Core Health & Fitness（CH&F）公司的品牌器械彻底改变了健身方式，帮助数百万人锻炼了肌肉，获得了自信和表现力。CH&F 正在寻求金融和物流资源，帮助其扩大国际供应链并促进销售增长。

CH&F 直接销售至健康俱乐部和分销商。他们的客户有时候会突然下单，这使得难以预测销售和出货量。客户提前期通常在供应链提前期范围内。由于大量现金被库存占用，跨境运输到达港口需要花费数周和数月的时间，这阻碍了该公司的业务投资。他们需要更多的灵活性，并通过全球供应链管理更完善支持。

CH&F 开始使用 UPS Capital 和 UPS Supply Chain Solutions。两家公司开始共同改进 CH&F 供应链适应性。

UPS Capital 服务中的 UPS Capital Cargo Finance 使 CH&F 能够从运输中的库存中借入资金，从而释放所需的现金。

CH&F 使用 UPS Ocean Freight，将大型货件从中国运至欧洲。在欧洲，UPS 帮助 CH&F 在荷兰鲁尔蒙德的一个 UPS 设施中合并三个独立的第三方物流。

CH&F 使用 UPS Capital 和 UPS Supply Chain Solutions 服务，UPS 帮助 CH&F 应对复杂的中国法规，借用中国的资产，并与浦东保税区的本地第三方物流合作为 CH&F 仓库提供空间。

CH&F 使用 UPS Preferred FCL 铁路服务，当欧洲客户从亚洲和美国的站点快速运输产品时，海运运输太慢，空运费用也很高。该服务将铁路运输与 UPS 货物网络相结合，以将货物运送到中国和欧洲。

通过改善现金转换周期并提供更多营运资金，Core Health & Fitness 能够执行其增长计划并扩展到新市场。UPS 精简、简明的供应链网络既为CH&F 节省了成本，也提高了客户服务水平。

### 9.12.5　高科技产品解决方案

除了需要速度和运输高价值货物之外，高价值货物的运输还存在其他问题，如有效管理库存和维护严密安全。UPS 为高科技产业提供从制造前到售后支持的全套运输、物流和国际贸易服务。

1. UPS 的配套和预装配件

UPS 提供增值服务，包括组件工具包、工具包配置条形码标签、工具包拆卸和分布式订单管理等操作。还可以提供内部检查和翻新、修边和贴花等服务。

2. UPS 的自定义包装

UPS 与客户合作开发包装解决方案可提供品牌标识、环保意识、温度敏感型产品及优化的瓦楞纸包装服务，还可提供现货产品展示。UPS 还通过包装创新中心帮助客户实现创新型损坏保护。

3. UPS 的新产品发布支持

在高科技制造和分销方面，今天的顶流产品明天可能就过时了。因此，快速、高效地推出新产品至关重要。保持完善的、端到端的供应链也可以满足消费者需求，包括旺季需求和不断变化的消费者购买方式。

4. UPS 的延期策略

UPS 延期服务包括硬件和设备配置、软件安装、成品的轻型组装、文献插件及新增的文件和标签。

5. UPS 的多渠道配送

在当今的全球经济化环境下，客户需要在正确的时间、正确的地点将产品以最快的速度投放到市场。多渠道销售可处理不同的海关要求，包括采购和配送、区域订单履行、召回、修理和备件更换需求。客户可以自己构建一切，或者调动 UPS 遍及全球的设施、承运人、技术和专家网络，来完成这一步骤。

6. UPS 逆向物流管理

UPS 的逆向管理解决方案组合可为客户提供退货和维修服务，同时更密切地掌握库存。这些灵活、经济实惠的服务可以快速退回零件，甚至可以利用 UPS Access Point 网络取件和投递。

7. UPS 的修理服务

UPS 的测试、维修和翻新服务可以筛选和诊断关键部件或整套设备问题，确定可行性并评估是否应将其退回库存或回收。

8. UPS 的对外贸易区（FTZ）解决方案

随着全球供应链的增长，客户在管理风险和成本方面所面临的复杂性也会随之增加。对外贸易区解决方案可为客户节省很多关税和税费。

### 9. 12. 6　UPS 工业制造业解决方案

工业制造和配送是资产密集性，也是竞争力较大的地方。UPS 可以平衡零件库存水平助力客户竞争优势和增长引擎。

1. UPS 的重要部件存储和订单履行

UPS 通过 950 多个全球库存网点，为数百家全球设备制造商提供同日或次日的备件和加速服务。

2. UPS 的网络和部件规划

UPS 帮助客户选择理想的库存点，并计算最佳库存水平。使库存最小化，服务最大化。

3. UPS 维修部件退件服务

UPS 可以将客户退回周期减少数日或数周，使现场技术人员可快速轻松地将零件返回至客户的供应链。

4. UPS 的供应商管理

UPS 的起运地货物管理（OCM）解决方案可帮助客户管理所有供应商、订单和流程。合作双方共同收集来自供应商、承运人、UPS 等的数据，创建成熟的控制塔，提供订单和所需货件数据。

5. UPS 的国际空运

UPS 的空运可以提供迅速运输并且为客户节约成本，而且保证货物按时到达。

Sealed Air 总部位于美国北卡罗来纳州夏洛特，是全球食品安全、设施卫生和包装设备制造领域的领导企业。他们拥有 24000 多名员工，为 175 个国家的客户提供服务。无论是保护产品、保存食品、提供医疗保健解决方案，还是使世界更安全、更清洁，Sealed Air 致力于保护对消费者重要的一切。但当他们的产品 TASKI 扫地机在欧洲销量大增，他们需要更快、更便于响应的售后服务解决方案。

Sealed Air 通过战略性地分布在欧洲的 19 个仓库管理自己的供应链。该网络不仅向客户提供新产品，还提供超过 500 名售后支持现场技术人员。替换件可直接寄送至客户站点，或由技术人员从其中一个仓库取件。在客户场地接收零部件比较困难，但是从仓库收取这些零件意味着在路上浪费大量时间。另外，还需要较高的库存水平，才能很好地管理 19 个仓库。

UPS 提供仓储、库存管理和订单履行服务，将 19 个仓库整合到德国的一家集中配送中心。为了加快现场技术人员的零件更换速度，该解决方案将 UPS Express 运输服务与 UPS Access Point 网络相结合。此网络拥有 15000 多个网点，通常位于九个欧洲国家/地区的通讯社、加油站或小型企业中。技术人员可以方便地从他们家或客户附近的某个点接收零件。技术人员可选择不同的运输速度选项，最晚下午 1 点订购的零件，于第二天上午最早 9 点交付。Sealed Air 可以查看所有已处理货物的完整运输清单，并在任何时间点追踪单个包裹的状态，并通过电子邮件主动通知任何事件或延误。

合并仓库大大节省了 Sealed Air 的基础设施和运营成本，并显著减少了备件库存数量。将运营外包给 UPS，还意味着他们仅需支付特定时间内所需的容量即可。紧急维修响应时间也大大缩短。每次服务的平均换件检索时间可缩短 30 分钟，减少技术人员前往仓库的时间，这样就可以每周进行更多的服务行程。

### 9.12.7　UPS 零售行业供应链解决方案

UPS 的零售行业供应链解决方案可以助力零售行业客户进入全球新市场，管理季节性，改善库存和订单准确性，更快地送达客户，降低运输成本，更有效地履行电子商务订单，将退货转化为优势。

1. UPS 的全渠道物流

UPS 的多客户和专用订单履行中心可帮助客户在旺季扩大规模，同时控制成本。

2. UPS 的电子商务支持和履行

UPS 的网络支持、支付解决方案、商城连接及快速递送服务可帮助您更好地为在线客户提供服务，包括当天、次日和隔日服务。

3. UPS 的零售合规

帮助客户保证准确及时下单，帮助客户减少错误和退款，使零售客户更加满意。

4. UPS 的增值服务

品牌包装解决方案，可在商店中使用标签和贴标，甚至挂衣箱服务。

5. UPS 的分布式订单管理

使客户能够准确地预测应在何处放置库存，以及应从何处完成订单。

6. UPS 的运输管理

UPS 的技术和流程可以帮助客户顺利地进行国内和国际运输，同时可降低成本。

7. UPS 逆向物流管理

UPS 全面的逆向物流解决方案可帮助客户简化退件流程，同时尽量减少库存过多和库存不足的情况。

8. UPS Trade Direct Air

通过亚洲、欧洲、南美和北美指定机场的门到门或机场到门服务，合并、清关、拆分和递送至目的地国家的多个地址。

9. UPS Trade Direct © Ocean

合并、海运运输、海关清关、分拆和递送至目的地国家内的多个地址，以及从发件人到收件人的港口到门和门到门服务，可用于70多个港口。

10. UPS 的供应商管理

我们的起运地货物管理（OCM）解决方案可以帮助客户管理所有供应商、订单和流程。我们会共同收集来自供应商、承运人、UPS 等的数据，创建成熟的控制塔，提供订单和所需货件数据。

## 9.13  德国 DHL 的智慧物流和供应链解决方案

德国 DHL 为汽车、化学品、快消品、能源、工程与制造、生命科学与医疗保健、公共部门、零售，以及技术产业提供供应链解决方案。服务范围包括仓储与订单履行、运输与配送、咨询与管理服务、综合合同物流、综合货运物流、关务、安全与保险、绿色物流、可见性和风险管理等。DHL 还与许多著名的科技公司共同提供数字整合服务。DHL 与中国顺丰速运合作拓展中国的供应链解决方案市场。

## 9.14  日本雅玛多运输的智慧物流和供应链解决方案

日本雅玛多运输不断地锤炼到目前积累的服务和网络，与创意和技术组合起来，提供可持续发展的"次世代运输方式"。

### 9.14.1  雅玛多运输与日本医药企业 alfresa 建立起战略合作伙伴关系

雅玛多运输与日本医药企业 alfresa 建立起战略合作伙伴关系，利用大数据和人工智能开发配送业务量预测系统、配车配货系统。

日本进入了超老龄社会，要面对各种各样的课题。随着老年人口的增加，劳动力人口的减少，社会保障费的增加及财政来源的确保成为重要的社会课题。运输业界的快递员很难招到人。医疗业界，由于新冠肺炎疫情给日本的医疗机构增添了很大的负荷。另外，为了应对全球气候危机，医药品配送车辆需要重新考虑二氧化碳削减的问题。总而言之，安全安心的医药品流通网络的构筑问题成为今后很长时间的重要课题。因此，alfresa与雅玛多运输联合起来共同来解决这些课题。

1. 配送业务量预测系统

利用人工智能分析 Alfresa 到目前为止积累的销售、物流、商品、需要趋势等的大数据来预测每个客户的配送业务量，例如订单数、配送发生概率、采购需要等待的时间等。人工智能提高各种预测的精度，来指定更加有效率的配车计划。

2. 配车计划系统

通过配送业务量预测系统得到的信息，自动地运用到配车计划系统上面。再加上雅玛多运输在物流和配车等领域积累的经验和知识，考虑到堵车等道路信息，指定有效率并且非常安定的配车计划。另外，配送业务量非常多的时期，可以灵活利用雅玛多集团拥有的配送资源。可以保证 alfre-sa 的配送业务比之前任何时候都安定。

3. 包装盒交货

之前，在交付给医疗机构医药品的时候，alfresa 采用的是与医疗机构的工作人员面对面地进行验货作业，交付货物多的时候，这种当面验货作业的时间非常长。Alfresa 一直想要展开不需要当面清点货物的"包装盒交货"系统。通过本次导入的信息系统，利用数字化技术进行提前的商品检验，大幅缩减了医疗机构当面清点货物的时间。

通过本次导入的系统，取得了很大的成果。配送效率最高可以提高20%。由于缩短了运输距离，最大可削减 25% 的二氧化碳。医疗机构面对面清点验货时间最大削减 20%。

2021 年 8 月开始，首先在 alfresa 首都圈的支店导入该系统，之后会扩大到日本全国。同时雅玛多运输和 alfresa 会继续推行第二弹、第三弹的信息系统开发，两公司共同致力于可持续发展的医药品流通网络的构筑，并且持续改进两公司共同配送的模式。

### 9.14.2　雅玛多运输与日本乐天网上商城建立起战略合作伙伴关系

雅玛多运输与日本乐天网上商城建立起战略合作伙伴关系，共同致力于构筑日本国内最优化的供应链网络。

电子商务的发展，需要企业提供适应消费者需求的柔软的物流服务。由于本次新冠疫情的原因，日本网上购物的规模逐渐变大，因此网上商城供应链的再构筑就成为紧要的经营课题。乐天一直在寻找能够一起对其供应链全体进行改造的合作伙伴，此外乐天品牌一直致力于环境保护活动，所以寻找有共同意愿的合作企业。

雅玛多运输以企业为对象，提供物流效率化、在库最优化服务，通过物流支持零售业的发展，推动零售企业的供应链改革，为客户提供有价值的服务。雅玛多运输通过遍布全日本的仓库网络和运输网络的无缝衔接，利用物流信息系统的可视化，可以对店铺零售业、网上商城进行最优化在库管理、迅速地进货、削减运输配送成本，为企业构筑最优化的供应链管理系统。另外，雅玛多集团在其"中期计划 2023"（环境和社会）中指出，在实现雅玛多运输的各项政策的过程中，要始终坚持社会和事业的可持续发展。

本次雅玛多运输和乐天建立起战略合作伙伴关系，就是要推动让顾客更加满意的供应链整体变革，在日本建立起供应链模型之后，逐步建立起全球标准的模型，推动乐天在全球范围业务的展开。

雅玛多运输利用其国内外的运输配送网络和仓库网络，为网上商城提供不间断的、能够应对各种情况的最优化的运输方法。通过雅玛多的仓库管理系统防止网上商城库存短缺和库存偏颇，削减运输费用、保证运输速度。通过雅玛多运输的供应链管理能力，网上商城的管理人员可以把精力更多地放在产业环境、商城维护、提前送货、收货方法的多样化等方面以提高客户的满意度。

两社的共同目标是：乐天物流成本的削减、3 年后日本化妆品产业第一名的高性能流通中心的确立、3 年后乐天集团世界一流的高性能旗舰流通中心的确立。

# 9.15　日本佐川急便的智慧物流和供应链解决方案

佐川急便，面向未来的智慧物流，与合作伙伴和政府联合起来，开发物联网、人工智能等最新技术，并应用到企业物流管理当中。

## 9.15.1　机器人化

佐川急便开发机器人，应用到铁路集装箱混载货物的操作中来减轻快递员的重负。

## 9.15.2　无人机

佐川急便开发无人机，提高物流的效率。佐川急便联合日本地方政府开发了多处无人机可利用区域，进行实证检验。

## 9.15.3　自动配货机器人

佐川急便开发自动配货机器人技术，解决快递配送"最后一公里"的问题。

## 9.15.4　人工智能技术

利用人工智能和大数据，来解决配送时收货人不在的问题。

# 第 10 章

# 总结与展望

## 10.1 主要成果

本书对世界快递产业的前世今生做了详细的研究和阐述。选取了中国、美国、日本、印度四个国家作为研究对象，为读者清晰展示发达国家以及新兴国家的发展历程。

本书对各国快递企业进行了 1.0 时代、2.0 时代、3.0 时代的分别归纳总结，认为各个国家的起源和发展有共性也有不同。目前，世界上的快递企业都在从事快递产业、拓展国际市场的同时，致力于物流供应链的解决方案的创新。同时，世界上的快递企业都大量投资开发 AI、IoT、智慧物流。各国快递产业既有竞争，也有联合，共同致力于全球经济的发展。

## 10.2 不足之处

本书尚未对各国快递企业的 1.0 时代、2.0 时代、3.0 时代做横向的比较。本书在对各国快递企业的 1.0 时代、2.0 时代、3.0 时代划分时没有列出具体的经济指标。对各国快递企业智慧物流和供应链解决方案只做了案例总结，没有提出建设性的发展意见。

## 10.3 研究展望

今后，笔者应该进一步对各国快递企业 1.0 时代、2.0 时代、3.0 时代做横向比较，并且对具体的经济指标做深入的分析。另外，需要对各国政府的行政管理政策做进一步的调查研究。同时，笔者需要研究各国应对智慧物流、供应链解决方案的政策措施，进而拓展到 AI、IoT 等产业的产业政策的研究、技术研究等，对各国快递产业的智慧物流、供应链解决方案做对策性的建议。

# 参考文献

［1］徐希燕. 中国快递产业发展研究报告［M］. 北京：中国社会科学出版社，2009.

［2］朱晓军，杨丽萍. 快递中国［M］. 杭州：浙江人民出版社，2016.

［3］李芷巍. 快递时代3.0［M］. 北京：中国铁道出版社，2017.

［4］黄伟，蔡远游. 中国快递史话［M］. 厦门：厦门大学出版社，2019.

［5］中国快递协会. 快递行业法规文件汇编［M］. 北京：法律出版社，2015.

［6］肖艳. 我国快递物流体系规划建设［M］. 长春：吉林文史出版社，2019.

［7］谭克虎. 美国铁路业管制研究［M］. 北京：经济科学出版社，2008.

［8］国家邮政局快递职业教材编写委员会. 快递服务法规解析［M］. 北京：北京邮电大学出版社，2011.

［9］国家邮政局快递职业教材编写委员会. 快递企业战略管理［M］. 北京：北京邮电大学出版社，2012.

［10］修晓波. 邮政史话［M］. 北京：社会科学文献出版社，2011.

［11］杨志清. 快递行业系列深度研究报告［R］. 广发证券发展研究中心，2012年8月.

［12］徐君. 复盘美国快运行业百年沉浮史，对中国有哪些启示［R］. 广发证券发展研究中心，2021年7月.

［13］中通快递. 国外快递企业的发展和中外比较［R］. 中通研究院，2019年.

［14］黄景贤. 中、日快递市场和制度的比较研究［J］. 特区经济，2013

（4）：79 - 80.

[15] 杜艳. 从生命周期看快递业未来发展：成长可期，仍需提质 [J]. 中国物流与采购，2021（9）：37 - 38.

[16] 国家邮政局发展研究中心. 中国快递产业发展报告（2018—2019）[R]. 2019 年.

[17] 罗伯特·杰克逊. 世界航空史：飞行改变和塑造人类历史 [M]. 北京：中国市场出版社，2015.

[18] 王亚男. 你不知道的航空史 [M]. 北京：北京航空航天大学出版社，2009.

[19] 理查德·吉尔伯特. 运输革命：超越的高铁之路 [M]. 上海：上海世纪出版集团，2016.

[20] 松浦章. 清代内河水运史研究 [M]. 南京：江苏人民出版社，1970.

[21] 宋庆国. 史诗般的跨越：航空及其技术发展历程 [M]. 北京：航空工业出版社，2016.

[22] 杨建评，田春林. 美国联邦资助公路的发展与监督制度研究 [M]. 北京：人民交通出版社，2016.

[23] 孙志毅. 日本铁路经济发展模式研究 [M]. 北京：经济科学出版社，2012.

[24] 野口悠纪雄著. 战后日本经济史：从喧嚣到沉寂的 70 年 [M]. 张玲，译. 北京：民主与建设出版社，2018.

[25] 张季风，李清如. 日本经济蓝皮书：日本经济与中日经贸关系研究报告（2019）[M]. 北京：社会科学文献出版社，2020.

[26] 滨野洁. 日本经济史（1600—2015）[M]. 南京：南京大学出版社，2018.

[27] 贾玉平. 快递服务合同研究 [M]. 北京：法律出版社，2009.

[28] 蒋强. 快递法律实务 300 问 [M]. 北京：法律出版社，2012.

[29] 司法部，国家邮政局. 快递暂行条例释义 [M]. 北京：中国法制出

版社，2018.

[30] 中国国家邮政局．快递业务操作指导规范［M］．2011.

[31] 江娜．快递合同保价纠纷案评析［D］．长沙：湖南师范大学，2018.

[32] 徐慧阳．快递损害赔偿责任问题研究［D］．北京：北京交通大学，2017.

[33] 王尹．快递服务提供者损害赔偿责任研究［D］．大连：大连海事大学，2017.

[34] 付良坤．快递服务中消费者权益保护研究［D］．重庆：西南大学，2017.

[35] 李孟丽．快递合同保价制度研究［D］．桂林：广西师范大学，2017.

[36] 日本国土交通省．2011年宅急便等相关产业业绩资料，2011.

[37] 日本国土交通省．标准宅配便运送约款．2003.

[38] 中国物流采购联合会．中国物流年鉴．2010.

[39] 中国物流采购联合会．中国物流年鉴．2011.

[40] 日本交通政策研究会．宅配便的运输网络构筑方法．2012.

[41] 段宗训．中国快递业发展现状及发展趋势分析［J］．企业导报，2012（3）：94.

[42] 李丹颖，黄运佳．我国快递行业的发展现状与完善建议［J］．生产力研究，2013（7）：126-129.

[43] 张雪芹，窦德强．从统计数据看我国快递业的发展现状［J］．交通与运输，2015（1）：215-217.

[44] 梁旭，朱民田．我国快递服务业发展现状探析：基于国有/民营和外资企业视角［J］．中国市场，2015（15）：18-19.

[45] 叶继艳．电子商务与物流快递的协同发展分析［J］．中国商贸，2015（31）：71-74.

[46] 严石林，唐军荣．外资快递入市背景下本土快递发展策略探究［J］．物流工程与管理，2013，35（2）：35-37.

[47] 栗添. 基于网购背景下快递发展策略 [J]. 现代经济信息, 2013 (23): 232.

[48] 王熠煊. 新经济背景下快递企业发展策略分析 [J]. 企业导报, 2015 (4): 92.

[49] 蔡俊. 顺丰面向东盟的跨境速递发展策略研究 [J]. 电子商务, 2015 (10): 39 – 40.

[50] 史志成. 中国 EMS 市场竞争力研究 [M]. 哈尔滨: 哈尔滨工业大学出版社, 2003.

[51] 刘宏伟, 李婉, 汪传雷. 基于新邮政法的民营快递企业发展对策研究 [J]. 山西财经大学学报, 2011 (4): 27 – 29.

[52] 谢静仪. 顺丰速运对民营快递企业发展的启示 [J]. 物流工程与管理, 2015 (1): 176 – 177.

[53] 马京京. 电子商务环境下韵达快递的发展策略 [J]. 企业管理, 2013 (18): 55 – 57.

[54] 王坷. 我国民营快递企业人员流失问题及破解之策: 基于美国联邦快递成功经验的启示 [J]. 对外经贸实务, 2013 (10): 37 – 40.

[55] 骆丽红. 快递产业的粗放格局与改革方向 [J]. 物流工程与管理, 2013 (12): 3 – 4.

[56] 孙军华, 苏强, 霍佳震. 中国快递服务质量体系的构建与模糊综合评价 [J]. 工业工程与管理, 2010, 15 (4): 112 – 116.

[57] 李彦甫. 我国快递行业发展综合研究 [J]. 物流工程与管理, 2019, 41 (3).

[58] 肖彤, 屈家安. 我国快递行业发展现状、成因及对策研究 [J]. 法制与社会, 2017 (23).

[59] 何姗. 电商大发展背景下快递行业面临问题及解决对策 [J]. 金融与经济, 2016 (3).

[60] 褚天舒. 我国快递行业的现状及发展趋势 [J]. 商, 2016 (1).

［61］于广生．我国快递业的发展现状、解决对策及未来趋势［J］．商场现代化，2015（2）．

［62］韩波勇．我国快递业战略转型模式创新研究［N］．物流工程与管理，2014，36（8）．

［63］印度快递员骑行配送，默默支持电商发展［J］．华尔街日报，2015.

［64］刘伟毅．顺丰模式你学的会：最具影响力企业背后的商业逻辑和经营战略［M］．北京：红旗出版社，2014.

［65］安建伟．风口之上，顺丰有为：顺丰速运成功的秘诀［M］．广州：广东经济出版社，2016.

［66］韩大伟．你不了解的联合包裹服务公司：极速 UPS［M］．北京：北京工业大学出版社，2012.

［67］邢柏．只有往前飞奔：顺丰领头人王卫［M］．长春：北方妇女儿童出版社，2014.

［68］谢逢洁．快递产业竞争关系网络：结构、演化及博弈行为［M］．北京：科学出版社，2019.

［69］张子雪．从传统快递巨头没落看快递产业如何转型［J］．商场现代化，2017（3）：50－51.

［70］徐勇．2016：快递产业成绩斐然［J］．中国物流与采购，2017（4）：43－45.

［71］国家邮政局发展研究中心．中国快递行业发展报告［R］．2014.

［72］严寒．浅议我国快递产业的发展现状与趋势［J］．湖北科技学院学报，2016，36（5）：51－55.

［73］张雪麒．"互联网＋"背景下我国快递产业与经济增长关系的实证研究［J］．现代商业，2016（2）：9－10.

［74］路红艳．论现代邮政业的产业地位与发展趋势［J］．邮政研究，2015，31（5）：1－4.

［75］姜希河．中国邮政简史［M］．北京：商务印书馆，1999.

［76］国家邮政局发展研究中心．中国快递行业发展研究报告（2019—2020 年）［R］．2020 年 6 月．

［77］物流标准化技术委员会和全国物流信息管理标准化技术委员会．中华人民共和国国家标准物流术语［M］．2007 年 5 月．

［78］中国国务院．物流业调整和振兴规划［R］．2009 年．

［79］中国国务院．国务院办公厅关于促进物流业健康发展政策措施的意见［R］．2011 年．

［80］中国国务院．2016 年政府工作报告［R］．2016 年．

［81］全国人民代表大会常务委员会．中华人民共和国邮政法［M］．2015年 4 月．

［82］国家质量监督检验检疫总局、国家标准化管理委员会．快递服务［M］．2011 年 12 月．

［83］中华人民共和国交通运输部．快递市场管理办法［M］．2013 年 1 月．

［84］全国物流标准化技术委员会和全国物流信息管理标准化技术委员会．中华人民共和国国家标准物流术语．2007 年 2 月．

［85］中国政府网．2016 年政府工作报告．2016 年．

［86］中华人民共和国国务院办公厅．关于推进电子商务与快递物流协同发展的意见［R］．国办发〔2018〕1 号．［EB/OL］．（2018 - 01 - 23）［2021 - 02 - 05］．http：//www. gov. cn/zhengce/content/2018/01/23/content_ 5259695. htm.

［87］中华人民共和国国务院．快递暂行条例［EB/OL］．（2018 - 03 - 27）．［2021 - 04 - 05］http：//www. gov. cn/zhengce/content/2018 - 03/27/content_ 5277801. htm.

［88］马遥．福特 5 - AT 三发飞机［N］．中国航空报，2019 年 8 月 3 日．

［89］锐智．联邦快递非常攻略［M］．南方日报出版社，2005.

［90］邬跃．论精益物流系统［J］．中国流通经济，2001.

［91］沈吉仁，刘鹤，刘长滨．我国企业建立精益物流系统的思考［J］．

物流技术，2006.

[92] 一文. 第一架飞机的发明者莱特兄弟 [N]. 中国航空报，2018年4月.

[93] 柏蓓. 联邦快递联手微软重塑物流商业模式 [N]. 中国民航报，
2020年6月10日.

[94] Global Express Association. Express Delivery and Trade Facilitation: Impacts on the Global Economy [R]. London: Frontier Economics Ltd, January 2015 (03).

[95] Arpita Mukherjee. Facilitating Trade and Global Competitiveness: Express Delivery Services in India [R]. London: Oxford University Press, 2012.

[96] Adrenale Corporation. Market Research on International Letters and Lightweight Parcels and Express Mail Service Items [R]. Universal Postal Union, 2010.

[97] European Multi-Channel and Online Trade Association (EMOTA). E-Commerce and Distance Selling in Europe Report [R]. 2014.

[98] Global Express Association. Express Delivery and Trade Facilitation: Impacts on the Global Economy, . Frontier Economics [R]. January 2015.

[99] Global Express Association. Cross-border E-commerce Trade-Engine for Growth: Proposals for Reducing Supply Chain Barriers [R]. November 2014.

[100] International Bank for Reconstruction and Development and the World Bank. Connecting to Compete: Trade Logistics in the Global Economy [R]. 2014.

[101] John Mangan, Chandra Lalwani, Tim Butcher&Roya Javadpour. Global Logistics & Supply Chain Management [M]. Wiley. 2012.

[102] Madan, Birla. Fedex Delivers: How the World's Leading Shipping Company Keeps Innovating and Outperforming the Competition [M]. Prentice Hall. 2010.

［103］Oxford Economic Forecasting. The Impact of the Express Delivery Industry on the Global Economy Research ［R］. 2005.

［104］Robinson Alan. Competition Within The Unit Express Delivery Servicestates Parcel Delivery Market. Association for Postal Commerce ［R］. 2003.

［105］Roger Frock. Changing How the World Does Business：Fedex's Incredible Journey to Success—The Inside Story ［M］. Berrett-Koehler Pub, 2006.

［106］Sara Gilbert. Built for Success：the Story of FedEx ［M］. Creative Paperbacks, 2013.

［107］United States International Trade Commission. Express Delivery Service：Competitive Conditions Facing U. S. -based Firms in Foreign Markets ［R］. Investigation USITC Publication, April 2004.

［108］US-ASEAN Business Council. Express Delivery Service：Integrating ASEAN to Global Markets ［R］. June 2005.

［109］Martin Christopher. Logistics and Supplychain Management：Creating Value-adding Networks ［M］. Prentice Hall, 2005.

［110］Abdel Basset M, GunasekaRand M, Mohamed M et al. A framework for risk assessment, management and evaluation：economic tool for quantifying risks in supply chain ［J］. Future generation computer systems, 2019 (1)：489 – 502.

［111］Manal M, Muhammad S, et al. Supply Chain Risk Management and Operational Performance：The Enabling Role of Supply Chain Integration ［J］. Elsevier, 2020 (227).

［112］Pirim, Harun. Supply Chain Management and Optimization in Manufacturing ［M］. Springer. 2014 (7).

［113］Sanders, Nada R. Supply Chain Management：A Global Perspective.

John Wiley &Sons［M］. 2011（10）.

［114］Savelsbergh, Martin, Van. City logistics：challenges and opportunities ［J］. Transportation Science, 2016, 50（2）：579－590.

［115］Tho V L, Stathopoulos A, Woensel T, Satish V. Supply, demand, opera-tions, and management of crowd-shipping services：A review and empir-ical evidence［J］. Transportation Research Part C：Emerging Technolo-gies, 2019（103）：83－103.

［116］Leung K, Forster P. Building supply chain excellence in emerging econo-mies［J］. International Series in Operations Research &Management Science, 2007, 98（3）：354－363.

［117］Shinichi Okamoto. Research on the Development of Japanese Express De-livery Service［J］. Economy, 2009（10）：27－30.

［118］M S Kim, M C Riew. A Strategy for EMS Service Quality Improvement U-sing Kano Model and Improvement-Gap Analysis［J］. Journal of the Ko-rean society for quality management, 2005, 43（3）：397－408.

［119］大和運輸株式会社社史編纂委員会.ヤマト運輸70年史［M］. 1991.

［120］大和運輸株式会社社史編纂委員会.ヤマトシステム開発20年史［M］. 1993.

［121］斎藤実.宅配便：現代輸送のイノベーター［M］. 成山堂書店, 1991.

［122］斎藤実.トラック輸送産業の構造と規制緩和［J］. 商経論叢（神奈川大学）. 1996（4）：222－302。

［123］斎藤実.アメリカ物流改革の構造：トラック輸送産業の規制緩和［M］. 白桃書房, 1999.

［124］斉藤実.トラック輸送産業の規制緩和に関する日米国際比較［J］. 輸送展望, 1999（252）：97－104.

［125］斉藤実. 米国の物流改革とトラック輸送産業［J］. 運輸と経済，
　　　　1999（11）：53－61.

［126］斎藤実. 物流戦略論の新たな展開－ロジスティクス・ケイパビリ
　　　　ティ［J］.『商経論叢（神奈川大学）』，2002，37（3）：1－40.

［127］斎藤実，矢野裕児，林克彦. 宅配便の成長戦略：時代の変化に適
　　　　合する宅配便. 現代企業のロジスティクス［M］. 中央経済社，
　　　　2003：147－164.

［128］斎藤実. 佐川急便の事業戦略と3PL事例. 3PLビジネスとロジステ
　　　　ィクス戦略［M］. 白桃書房，2005：191－195.

［129］斉藤実. トラック輸送産業の構造と諸課題［J］. 運輸と経済.
　　　　2009，69（4）：13－21.

［130］斎藤実. 宅配便の秘密［M］. 御茶の水書房，2009.

［131］斎藤実. アメリカにおけるトラック輸送産業の生産性分析［J］.
　　　　商経論叢（神奈川大学），2010，46（2）：23－43。

［132］佐川急便株式会社社史編纂委員会. 飛脚の精神：佐川急便株式会
　　　　社五十年物語［M］. 2007年。

［133］石川実令.1970年代のアメリカにおけるエア・エキスプレスの発
　　　　展：FedEx社の翌日配送サービスを中心に［J］. 商学論纂（中央
　　　　大学），2003，44（5）：179－203.

［134］石川実令. FedEx社の国際ネットワーク戦略：ハブ・アンド・ス
　　　　ポーク・システムの国際展開を中心に［J］. 商学論纂（中央大
　　　　学），2004，45（5）：195－228.

［135］石川実令. エア・エキスプレス・ロジスティクスに関する：考
　　　　察－インテグレーターによる3PLの展開を中心に［J］. 商学論纂
　　　　（中央大学），2005，46（6）：109－148.

［136］石川実令. 情報通信技術とロジスティクス・サービスの高度化：
　　　　FedEx社によるEDI（電子データ交換）の活用を中心に［J］. 商

学論纂（中央大学），2007，48（5）：327–360.

[137] 石川実令．グローバル・ロジスティクス・システムの生成：インテグレーターによるサービス高度化のプロセスの解明［D］．学位論文〔経済学博士〕．中央大学，2007：48–55。

[138] 小倉昌男．小倉昌男経営学［M］．日経BP社，1999.

[139] 小倉昌男．やればわかる、やればできる：クロネコ宅急便が成功したわけ［M］．講談社，2003.

[140] 小倉昌男．小倉昌男の人生と経営［M］．PHP研究所，2012.

[141] 木川眞．ヤマトグループの経営戦略と海外展開について．グローバル・ロジスティクス論I講義録．ヤマト運輸株式会社・一橋大学大学院商学研究科産学連携事業．2011.

[142] 木川眞．未来の市場を作り出す：「サービスが先、利益が後」がめざすこと（M）．日経BP社，2013.

[143] 木川眞．ヤマトHDが仕掛ける、新たな物流革命．日経Plus10．2013年7月10日．

[144] 木川眞．スペシャルInterview：日本の成長戦略に寄与する物流企業のイノベーション．B–プラス・ホームページ．2013年12月．

[145] 中光政，原田保．コンテクストイノベーション［M］．白桃書房，2005.

[146] 中光政．流通情報システム．現代情報リテラシー［M］．同友館，2006.

[147] 中光政．SCMの基本は物流費把握［J］．流通設計21，2006，37（4）．

[148] 中光政．サプライチェーン・マネジメント（SCM）を重視したビジネスモデルと経営戦略：個別企業の視点からみたSCMを中心として［J］．東京経大学会誌，2007（254）：233–243.

[149] 中光政．イノベーションとSCM重視のビジネスモデル［J］．日本

物流学会誌, 2015 (23)：1-4.

[150] 日本貿易振興機構. 海外調査サービス産業の国際展開調査：ヤマト運輸株式会社（海外：中国）[J]. JETRO, 2012：1-7.

[151] 特集 FedEx：規制を超える国際物流の巨人-逆境バネに市場こじ開け, 常に開拓者精神を持ち続けたい [J]. NIKKEI BUSINESS, 1996：22-24.

[152] 特集 FedEx：アジア覆う巨大な〝網〟-物流のマクドナルド, 利便性で攻める [J]. NIKKEI BUSINESS, 1996：25-27.

[153] 特集：FedEx：フレデリック・W・スミス氏インタビュー-「時はカネなり」実践し国際貨物の激変リード [J]. NIKKEI BUSINESS, 1996：32-33.

[154] 特集：小口急送（インテグレーター）VS 航空貨物業界連合（エアライン・フォワーダ）の戦いは？ シッパーの選択はインテグレーターにむいているだろうか？ [J]. SPACE, 1996：6-10.

[155] 特集：どこまでひろがるのかフォワーダー大型提携ブーム、変化する物流ニーズへの対応を賭けて、より大きくより強くと [J]. SPACE 2000：4-9.

[156] 強い企業のシステム戦略：米 FedEx・エキスプレスネットと物流の相乗効果を狙う顧客企業のEC 事業を全面支援 [J]. NIKKEI COMPUTER, 2000：118-123.

[157] 日本国土交通省航空局. 2008 年度国際航空貨物動態調査報告書 [R]. 2008.

[158] 根本敏則, 川嶋弘尚. アジアの国際分業とロジスティクス-生産・物流から見えるアジアそして日本 [M]. 勁草書房, 1998.

[159] 根本敏則, 黄景賢. 宅配便ビジネスにおける輸送ネットワーク構築に関する研究 [R]. 公益社団法人日本交通政策研究会, 2013.

[160] 根本敏則. 宅配便によるネット通販の即日配送 [J]. 運輸と経

济，2013：59－62.

[161] 根本敏則.ネット通販時代の宅配便［M］.成山堂書店，2015.

[162] 一橋大学イノベーション研究センター.イノベーション・マネジ
メント［M］.日本経済新聞社，2001.

[163] 日本黑猫大和运输株式会社官网.

[164] 日本佐川急便株式会社官网.

[165] 日本邮便事业株式会社官网.

[166] 日本西浓运输株式会社官网.

[167] 日本福山运输株式会社官网.

[168] 日本通运运输株式会社官网.

[169] FedEx 公司官网.

[170] USPS 公司官网.

[171] UPS 公司官网.

[172] DHL 公司官网.

[173] 美国供应链管理专业协会（Council of Supply Chain Management Pro-
fessionals）官网.

[174] 顺丰速运官网.

[175] 申通速递官网.

[176] 圆通速递官网.

[177] 中通快递官网.

[178] 韵达快递官网.

[179] 百世快递官网.

[180] 中国邮政快递集团官网.

[181] 菜鸟官网.

[182] 京东物流官网.

[183] 苏宁物流官网.

[184] 德邦快运官网.

［185］中国快递协会（CHINA EXPRESS ASSOCIATION，CEA）官网.

［186］印度 Blue Dart 官网.

［187］印度 FedEx 官网.

［188］印度 DTDC 官网.

［189］美国国际贸易委员会（United States International Trade Commission）官网.

［190］全球快递联盟（Global Express Association）官网.

［191］日本国土交通省官网.

［192］美国竞争力委员会（Council on Superconductivity for American Competitiveness）官网.

# 附录一：

## 《国民经济和社会发展第十四个五年规划和 2035 年远景目标纲要》（简称《十四五规划》）中与快递物流相关的政策规定

### 1. 提升产业链供应链现代化水平

坚持经济性和安全性相结合，补齐短板、锻造长板，分行业做好供应链战略设计和精准施策，形成具有更强创新力、更高附加值、更安全可靠的产业链供应链。推进制造业补链强链，强化资源、技术、装备支撑，加强国际产业安全合作，推动产业链供应链多元化。

### 2. 加快发展冷链物流

建设现代物流体系，加快发展冷链物流，统筹物流枢纽设施、骨干线路、区域分拨中心和末端配送节点建设，完善国家物流枢纽、骨干冷链物流基地设施条件。

### 3. 加快建立应急物流体系

加快建立储备充足、反应迅速、抗冲击能力强的应急物流体系。实施应急产品生产能力储备工程，建设区域性应急物资生产保障基地。

### 4. 培育数智物流新增长点

培育壮大人工智能、大数据、区块链、云计算、网络安全等新兴数字产业，提升通信设备、核心电子元器件、关键软件等产业水平。构建基于 5G 的应用场景和产业生态，在智能交通、智慧物流、智慧能源、智慧医疗等重点领域开展试点示范。鼓励企业开放搜索、电商、社交等数据，发展第三方大数据服务产业。

### 5. 建立重要资源和产品全球供应链风险预警系统

建立重要资源和产品全球供应链风险预警系统，加强国际供应链保障合作。

### 6. 推动供应链金融创新发展

聚焦提高要素配置效率，推动供应链金融、信息数据、人力资源等服务创新发展。

### 7. 加快建设交通强国

建设现代化综合交通运输体系，推进各种运输方式一体化融合发展，提高网络效应和运营效率。完善综合运输大通道，加强出疆入藏、中西部地区、沿江沿海沿边战略骨干通道建设，有序推进能力紧张通道升级扩容，加强与周边国家互联互通。构建快速网，基本贯通"八纵八横"高速铁路，提升国家高速公路网络质量，加快建设世界级港口群和机场群。完善干线网，加快普速铁路建设和既有铁路电气化改造，优化铁路客货布局，推进普通国省道瓶颈路段贯通升级，推动内河高等级航道扩能升级，稳步建设支线机场、通用机场和货运机场，积极发展通用航空。加强邮政设施建设，实施快递"进村进厂出海"工程。推进城市群都市圈交通一体化，加快城际铁路、市域（郊）铁路建设，构建高速公路环线系统，有序推进城市轨道交通发展。提高交通通达深度，推动区域性铁路建设，加快沿边抵边公路建设，继续推进"四好农村路"建设，完善道路安全设施。构建多层级、一体化综合交通枢纽体系，优化枢纽场站布局、促进集约综合开发，完善集疏运系统，发展旅客联程运输和货物多式联运，推广全程"一站式""一单制"服务。推进中欧班列集结中心建设。深入推进铁路企业改革，全面深化空管体制改革，推动公路收费制度和养护体制改革。

### 8. 构建资源循环利用体系

全面推行循环经济理念，构建多层次资源高效循环利用体系。深入推进园区循环化改造，补齐和延伸产业链，推进能源资源梯级利用、废物循环利用和污染物集中处置。加强大宗固体废弃物综合利用，规范发展再制造产业。加快发展种养有机结合的循环农业。加强废旧物品回收设施规划建设，完善城市废旧物品回收分拣体系。推行生产企业"逆向回收"等模式，建立健全线上线下融合、流向可控的资源回收体系。拓展生产者责任延伸制度覆盖范围。推进快递包装减量化、标准化、循环化。

9. 实施制造业降本减负行动

允许制造业企业全部参与电力市场化交易，规范和降低港口航运、公路铁路运输等物流收费，全面清理规范涉企收费。

10. 推动生产性服务业融合化发展

聚焦提高要素配置效率，推动供应链金融、信息数据、人力资源等服务创新发展。聚焦增强全产业链优势，提高现代物流、采购分销、生产控制、运营管理、售后服务等发展水平。推动现代服务业与先进制造业、现代农业深度融合，深化业务关联、链条延伸、技术渗透，支持智能制造系统解决方案、流程再造等新型专业化服务机构发展。培育具有国际竞争力的服务企业。

11. 强化流通体系支撑作用

深化流通体制改革，畅通商品服务流通渠道，提升流通效率，降低全社会交易成本。加快构建国内统一大市场，对标国际先进规则和最佳实践优化市场环境，促进不同地区和行业标准、规则、政策协调统一，有效破除地方保护、行业垄断和市场分割。建设现代物流体系，加快发展冷链物流，统筹物流枢纽设施、骨干线路、区域分拨中心和末端配送节点建设，完善国家物流枢纽、骨干冷链物流基地设施条件，健全县乡村三级物流配送体系，发展高铁快运等铁路快捷货运产品，加强国际航空货运能力建设，提升国际海运竞争力。优化国际物流通道，加快形成内外联通、安全高效的物流网络。完善现代商贸流通体系，培育一批具有全球竞争力的现代流通企业，支持便利店、农贸市场等商贸流通设施改造升级，发展无接触交易服务，加强商贸流通标准化建设和绿色发展。加快建立储备充足、反应迅速、抗冲击能力强的应急物流体系。

12. 推进产业数字化转型

实施"上云用数赋智"行动，推动数据赋能全产业链协同转型。在重点行业和区域建设若干国际水准的工业互联网平台和数字化转型促进中心，深化研发设计、生产制造、经营管理、市场服务等环节的数字化应用，培育发展个性定制、柔性制造等新模式，加快产业园区数字化改造。深入推进服务业数字化转型，培育众包设计、智慧物流、新零售等新增长点。加快发展智慧农业，推进农业生产经营和管理服务数字化改造。

13. 丰富乡村经济业态

发展县域经济，推进农村一二三产业融合发展，延长农业产业链条，发展各具特色的现代乡村富民产业。推动种养加结合和产业链再造，提高农产品加工业和农业生产性服务业发展水平，壮大休闲农业、乡村旅游、民宿经济等特色产业。加强农产品仓储保鲜和冷链物流设施建设，健全农村产权交易、商贸流通、检验检测认证等平台和智能标准厂房等设施，引导农村二三产业集聚发展。完善利益联结机制，通过"资源变资产、资金变股金、农民变股东"，让农民更多分享产业增值收益。

14. 提升乡村基础设施和公共服务水平

以县域为基本单元推进城乡融合发展，强化县城综合服务能力和乡镇服务农民功能。健全城乡基础设施统一规划、统一建设、统一管护机制，推动市政公用设施向郊区乡村和规模较大中心镇延伸，完善乡村水、电、路、气、邮政通信、广播电视、物流等基础设施，提升农房建设质量。

15. 优化提升超大特大城市中心城区功能

统筹兼顾经济、生活、生态、安全等多元需要，转变超大特大城市开发建设方式，加强超大特大城市治理中的风险防控，促进高质量、可持续发展。有序疏解中心城区一般性制造业、区域性物流基地、专业市场等功能和设施，以及过度集中的医疗和高等教育等公共服务资源，合理降低开发强度和人口密度。增强全球资源配置、科技创新策源、高端产业引领功能，率先形成以现代服务业为主体、先进制造业为支撑的产业结构，提升综合能级与国际竞争力。坚持产城融合，完善郊区新城功能，实现多中心、组团式发展。

16. 完善大中城市宜居宜业功能

充分利用综合成本相对较低的优势，主动承接超大特大城市产业转移和功能疏解，夯实实体经济发展基础。立足特色资源和产业基础，确立制造业差异化定位，推动制造业规模化集群化发展，因地制宜建设先进制造业基地、商贸物流中心和区域专业服务中心。优化市政公用设施布局和功能，支持三级医院和高等院校在大中城市布局，增加文化体育资源供给，营造现代时尚的消费场景，提升城市生活品质。

17. 大力发展绿色经济

推动城市公交和物流配送车辆电动化。构建市场导向的绿色技术创新体系，实施绿色技术创新攻关行动，开展重点行业和重点产品资源效率对标提升行动。建立统一的绿色产品标准、认证、标识体系，完善节能家电、高效照明产品、节水器具推广机制。深入开展绿色生活创建行动。

18. 健全社区管理和服务机制

推动社会治理和服务重心下移、资源下沉，提高城乡社区精准化精细化服务管理能力。推进审批权限和公共服务事项向基层延伸，构建网格化管理、精细化服务、信息化支撑、开放共享的基层管理服务平台，推动就业社保、养老托育、扶残助残、医疗卫生、家政服务、物流商超、治安执法、纠纷调处、心理援助等便民服务场景有机集成和精准对接。完善城市社区居委会职能，督促业委会和物业服务企业履行职责，改进社区物业服务管理。构建专职化、专业化的城乡社区工作者队伍。

19. 促进国防实力和经济实力同步提升

同国家现代化发展相协调，搞好战略层面筹划，深化资源要素共享，强化政策制度协调，完善组织管理、工作运行、政策制度、人才队伍、风险防控体系，构建一体化国家战略体系和能力。推动重点区域、重点领域、新兴领域协调发展，集中力量实施国防领域重大工程。促进军事建设布局与区域经济发展布局有机结合，更好服务国家安全发展战略需要。深化军民科技协同创新，加强海洋、空天、网络空间、生物、新能源、人工智能、量子科技等领域军民统筹发展，推动军地科研设施资源共享，推进军地科研成果双向转化应用和重点产业发展。强化基础设施共建共用，加强新型基础设施统筹建设，加大经济建设项目贯彻国防要求力度。加快建设现代军事物流体系和资产管理体系。加强军地人才联合培养，健全军地人才交流使用、资格认证等制度。优化国防科技工业布局，加快标准化通用化进程。推进武器装备市场准入、空中交通管理等改革。完善国防动员体系，加强应急应战协同，健全强边固防机制，强化全民国防教育，巩固军政军民团结。维护军人军属合法权益，让军人成为全社会尊崇的职业。

# 附录二：

## 快递行业相关法律和规范性文件

中华人民共和国邮政法实施细则（1990 年 11 月 12 日）

中华人民共和国邮政法（2015 年 4 月 24 日修正）

国家邮政局关于大力发展农村通邮服务促进社会主义新农村建设的意见（2008 年 12 月 25 日）

民政部关于中国快递协会成立登记的批复（2009 年 4 月 14 日）

邮政行业统计管理办法（2013 年 4 月 12 日修正）

国家邮政局关于下放和明确邮政管理部门层级职权的通知（2013 年 10 月 9 日）

国家邮政局行政审批事项公开目录（2014 年 2 月 17 日）

国家邮政局政府信息公开工作办法（2014 年 8 月 6 日）

国家邮政局关于全面推进邮政行业文化建设的指导意见（2014 年 11 月 13 日）

邮政行政执法监督办法（2014 年 12 月 7 日）

交通运输部、农业部、供销合作总社、国家邮政局关于协同推进农村物流健康发展。加快服务农业现代化的若干意见（2015 年 2 月 16 日）

国家邮政局行政复议暂行规定（2008 年 2 月 14 日）

国家邮政局、国家工商行政管理总局关于印发《国内快递服务合同》（示范文本）的通知（2008 年 8 月 18 日）

国务院办公厅转发交通运输部等部门关于推动农村邮政物流发展意见的通知（2009 年 5 月 23 日）

广东省邮政业管理办法（2009 年 3 月 1 日）

快递业务员国家职业技能标准（2008 年 8 月 11 日）

快递业务员职业技能鉴定办法（试行）（2009 年 9 月 14 日）

国家邮政局、中国民用航空局关于促进快递与民航产业协同发展的意见（2009 年 9 月 27 日）

快递业务经营许可条件审核规范（2009 年 9 月 30 日）

河北省寄递服务企业安全管理规定（2009 年 11 月 17 日）

河北省人民政府办公厅关于加快发展快递服务业的通知（2009 年 11 月 17 日）

河北省邮政业突发事件应急预案（2009 年 12 月 1 日）

河南省人民政府办公厅转发省邮政管理局等部门关于解决快递服务车辆通行问题意见的通知（2009 年 12 月 4 日）

邮政行业标准管理办法（试行）（2010 年 5 月 6 日）

四川省邮政条例（2010 年 5 月 28 日）

河北省邮政管理局、河北省地方税务局关于落实税收政策促进快递服务业发展的通知（2010 年 6 月 2 日）

河北省邮政业应对突发事件处置流程（试行）（2010 年 8 月 24 日）

河北省邮政业突发事件信息上报及处置流程图（2010 年 8 月 24 日）

湖南省邮政条例（2010 年 9 月 15 日）

辽宁省邮政条例（2010 年 9 月 29 日）

广东省邮政管理局、广东省工商行政管理局关于快递业务审批登记有关问题的补充通知（2010 年 10 月 20 日）

山西省邮政条例（2010 年 11 月 26 日）

快递市场监管报告制度（2011 年）

天津市邮政业管理办法（2011 年 1 月 17 日）

国家邮政局、国家工商行政管理总局关于印发《快递行业特许经营（加盟）合同》（示范文本）（2011 年 2 月 9 日）

快递业务经营许可证变更办理指南（2011 年 3 月 23 日）

新疆维吾尔自治区邮政条例（2011 年 3 月 31 日）

中华人民共和国道路交通安全法（2011 年 4 月 22 日修正）

快递业务经营许可年度报告规定（2011 年 6 月 9 日）

国家邮政局关于快递企业兼并重组的指导意见（2011 年 6 月 10 日）

江西省邮政条例（2011 年 7 月 28 日修订）

快递业务操作指导规范（2011 年 8 月 11 日）

黑龙江省邮政条例（2011 年 8 月 12 日）

快递企业等级评定管理办法（试行）（2011 年 8 月 30 日）

河北省邮政管理局关于违规企业约谈的规定（暂行）（2011 年 9 月 15 日）

江苏省人民政府办公厅转发省邮政管理局关于规范和加快发展快递服务业意见的通知（2011 年 12 月 17 日）

内蒙古自治区邮政条例（2011 年 11 月 21 日）

陕西省邮政条例（2012 年 1 月 6 日修正）

山东省邮政条例（2012 年 1 月 13 日修正）

国家邮政局、商务部关于促进快递服务与网络零售协同发展的指导意见（2012 年 2 月 27 日）

新疆快递服务车辆运行管理办法（2012 年 3 月 28 日）

西藏自治区邮政条例（2012 年 3 月 30 日）

国家邮政局、国家工商行政管理总局关于规范经营快递业务的企业许可审批和登记管理有关事项的通知（2012 年 6 月 14 日）

杭州市关于加快推进我市快递行业健康发展的实施办法（2012 年 7 月 19 日）

广西壮族自治区邮政条例（2012 年 7 月 26 日）

云南省邮政条例（2012 年 7 月 29 日）

甘肃省邮政条例（2012 年 8 月 10 日修订）

宁夏回族自治区邮政条例（2012 年 9 月 25 日）

上海市实施《中华人民共和国邮政法》办法（2012 年 9 月 26 日）

福建省邮政条例（2012 年 9 月 28 日）

上海市城乡建设和交通委员会、上海市邮政管理局关于促进本市快递业健康发展的若干意见（2012 年 10 月 30 日）

邮政业标准化管理办法（2012 年 11 月 17 日）

河南省邮政条例（2012 年 11 月 29 日）

重庆市邮政条例（2012 年 11 月 29 日）

河北省邮政业安全监督管理规定（2012 年 12 月 18 日）

山西省邮政业突发事件应急预案（2013 年修订）

快递市场管理办法（2013 年 1 月 11 日）

交通运输部、公安部、国家邮政局等七部门关于加强和改进城市配送管理工作的意见（2013 年 2 月 6 日）

国家邮政局关于贯彻实施《快递市场管理办法》加强快递业务经营活动管理的通知（2013 年 2 月 7 日）

广东省快递市场管理办法（2013 年 4 月 28 日）

上海市快递企业申请小型货运机动车额度和货运机动车通行证额度管理试行办法（2013 年 7 月 1 日）

常州市快递市场管理办法（2013 年 7 月 15 日）

国家邮政局、工业和信息化部关于推进快递服务制造业工作的指导意见（2013 年 9 月 13 日）

吉林省邮政条例（2013 年 9 月 27 日修订）

沈阳市邮政管理条例（2013 年 9 月 27 日修订）

江苏省邮政条例（2013 年 11 月 29 日修订）

北京市快递安全管理办法（2013 年 12 月 5 日）

邮政行政处罚程序规定的通知（2013 年 3 月 1 日）

国家邮政局关于提升快递末端投递服务水平的指导意见（2013 年 11 月 22 日）

北京市快递安全管理办法（2013 年 12 月 5 日）

《内蒙古自治区邮政条例》行政处罚裁量基准（2013 年 12 月 13 日）

《快递业务经营许可证》变更审核流程优化方案（2014年1月8日）

邮政业标准体系（2014年2月14日）

国家质量监督检验检疫总局、国家标准化管理委员会．邮政业术语（GB/T10757—2011）

国家质量监督检验检疫总局、国家标准化管理委员会．快递封装用品第1部分：封套（GB/T16606.1—2009）

国家质量监督检验检疫总局、国家标准化管理委员会．快递封装用品第2部分：包装箱（GB/T16606.2—2009）

国家质量监督检验检疫总局、国家标准化管理委员会．快递封装用品第3部分：包装袋（GB/T16606.3—2009）

国家质量监督检验检疫总局、国家标准化管理委员会．快递服务第1部分：基本术语（GB/T27917.1—2011）

国家质量监督检验检疫总局、国家标准化管理委员会．快递服务第2部分：组织要求（GB/T27917.2—2011）

国家质量监督检验检疫总局、国家标准化管理委员会．快递服务第3部分：服务环节（GB/T27917.32011）

国家质量监督检验检疫总局、国家标准化管理委员会．快递运单（GB/T28582—2012）

国家邮政局．快递服务与电子商务信息交换标准化指南（节录）（YZ/T0130—2012）

国家邮政局．快件跟踪查询信息服务规范（YZ/T0131—2013）

国家邮政局．智能快件箱（节录）（YZ/T0133—2013）

国家邮政局．快递代收货款服务规范（YZ/T01342013）

国家邮政局．快递业温室气体排放测量方法（YZ/T0135—2014）

国家邮政局．快递专用电动三轮车技术要求（YZ/T0136—2014）

国家邮政局．快递营业场所设计基本要求（YZ/T0137—2015）

国家邮政局．邮政业从业企业标准化工作指南（YZ/T0138—2015）

天津市人民政府办公厅转发天津市发展改革委关于促进快递服务业发展意见的通知（2014 年 1 月 7 日）

甘肃省邮政管理局、甘肃省工业和信息化委员会关于推进快递服务制造业工作的实施意见（2014 年 1 月 9 日）

交通运输部、公安部、商务部关于加强城市配送运输与车辆通行管理工作的通知（2014 年 1 月 20 日）

四川省安全生产委员会办公室关于进一步加强邮政快递企业涉及危险化学品运输安全管理的通知（2014 年 2 月 19 日）

黔东南州人民政府办公室关于印发黔东南州加快快递行业发展实施方案的通知（2014 年 2 月 25 日）

国家邮政局．无法投递又无法退回快件管理规定（2014 年 3 月 10 日）

泰安市人民政府关于进一步提升邮政普遍服务水平加快推进快递业健康发展的意见（2014 年 3 月 18 日）

广东省规范快递企业加盟经营行为暂行规定（修订）（2014 年 4 月 23 日）

山东省人民政府办公厅关于促进快递服务业健康发展的意见（2014 年 4 月 24 日）

贵州省邮政条例（2014 年 5 月 17 日修正）

国家邮政局．快递业务经营许可注销管理规定（2014 年 5 月 20 日）

河南省人民政府关于促进快递服务业发展的意见（2014 年 5 月 26 日）

湖北省邮政条例（2014 年 5 月 29 日）

海南省邮政条例（2014 年 5 月 30 日修正）

河北省邮政条例（2014 年 5 月 30 日修正）

经营快递业务的企业分支机构备案管理规定（2014 年 6 月 5 日）

苏州市人民政府办公室关于促进苏州市快业健康发展的指导意见（2014 年 6 月 11 日）

交通运输部．快递业务经营许可管理办法（2015 年 6 月 24 日修正）

深圳市发展快递业管理规定（2014 年 6 月 24 日）

青海省邮政条例（2014 年 7 月 24 日）

福州市住房保障和房产管理局、福州市邮政管理局关于试点建设小区快递配送站的实施意见（2014 年 9 月 5 日）

绍兴市人民政府办公室关于加快推进我市快递行业持续健康发展的实施意见（2014 年 9 月 15 日）

大连市邮政条例（2014 年 9 月 26 日）

无锡市快递管理办法（2014 年 9 月 29 日）

重庆市邮政管理局、重庆市教育委员会关于做好全省高等院校校园快递服务管理工作的通知（2014 年 9 月 28 日）

泉州市人民政府关于促进快递服务业发展的意见（2014 年 10 月 13 日）

江苏省政府办公厅关于促进快递服务业健康发展的实施意见（2014 年 10 月 16 日）

宁波市人民政府关于推进我市快递业健康快速发展的实施意见（2014 年 10 月 21 日）

襄阳市人民政府办公室关于印发《加快现代邮政业发展的若干意见》的通知（2014 年 10 月 28 日）

江西省发展改革委、江西省邮政管理局关于促进快递业健康发展的意见（2014 年 11 月 4 日）

枣庄市人民政府办公室关于促进全市快递服务业健康发展的实施意见（2014 年 11 月 7 日）

长春市邮政条例（2014 年 11 月 28 日）

邮政行政执法监督办法（2015 年 1 月 1 日）

福建省快递业务经营许可申请流程、申请材料清单（2015 年 1 月 14 日）

福建省快递业务经营许可证变更申请流程、申请材料清单（2015 年 1 月 14 日）

福建省快递业务经营许可变更审批流程图（2015 年 1 月 15 日）

福建省促进快递行业发展办法（2015 年 1 月 20 日）

快递营业场所设计指南（2015 年 1 月 22 日）

邮政业从业企业标准化关注指南（2015 年 1 月 22 日）

邮政业安全生产设备配置规范（2015 年 1 月 28 日）

邮件和快递投递状态分类与代码（2015 年 1 月 28 日）

关于加强邮件、快件寄递安全管理工作的若干意见（2015 年 2 月 5 日）

关于表彰全国交通运输行业精神文明建设先进集体和先进个人的决定
（2015 年 2 月 21 日）

山东省寄递安全管理办法（2015 年 2 月 26 日）

邮政业信息系统安全等级保护定级指南（2015 年 3 月 13 日）

快递代收货款服务信息交换指南（2015 年 3 月 13 日）

邮政业安全生产设备配置规范（2015 年 3 月 19 日）

邮件和快件投递状态分类与代码（2015 年 3 月 19 日）

关于促进邮政服务创新发展的若干意见（2015 年 3 月 24 日）

关于大力发展电子商务加快培育经济新动力的意见（2015 年 5 月 7 日）

快递业务经营许可工作优化方案（2015 年 5 月 15 日）

国家邮政局关于规范和改进邮政行政审批工作深入推进简政放权放管
结合职能转变的实施方案（2015 年 5 月 29 日）

邮件快件收寄验视规定（2015 年 5 月 29 日）

关于推进"快递向西向下"服务拓展工程的指导意见（2015 年 5 月
29 日）

邮政企业设置和撤销邮政营业场所管理规定（2015 年 6 月 12 日）

邮政企业停止办理或者限制办理邮政普遍服务和特殊服务业务管理规
定（2015 年 6 月 12 日）

快件基础数据元（2015 年 6 月 12 日）

快递末端投递服务规范（2015 年 6 月 12 日）

邮政业服务设施设备分类与代码（2015 年 6 月 12 日）

中国快递领域新能源汽车发展现状及趋势报告（2015 年 6 月 30 日）

中国智能快件箱发展现状及趋势报告（2015 年 6 月 30 日）

寄递服务用户个人信息保护指南（2015 年 9 月 2 日）

快递服务监管信息交换规范（2015 年 9 月 2 日）

经营邮政通信业务审批工作细则（试行）（2015 年 9 月 2 日）

关于加快发展农村电子商务的意见（2015 年 9 月）

关于促进快递业发展的若干意见（2015 年 10 月 14 日）

关于加快推进首都邮政行业建设与发展合作协议（2015 年 11 月 3 日）

快递电子运单（2015 年 12 月 8 日）

快递安全生产操作规范（2015 年 12 月 8 日）

智能快件箱投递服务管理规定（试行）（2015 年 12 月 8 日）

智能快递箱设置规范（2015 年 12 月 29 日）

邮政业车辆定位系统技术要求（2015 年 12 月 29 日）

关于促进环保科技在邮政业推广应用的指导意见（2015 年 12 月 29 日）

《社会治安综合治理基础数据规范》（GB/T310000—2015）国家标准（2016 年 1 月 28 日）

全国电子商务物流发展专项规划（2015—2020 年）（2016 年 3 月 17 日）

关于深入实施"互联网＋流通"行动计划的意见（2016 年 4 月 21 日）

赈灾包裹寄递服务和安全管理规定（2016 年 5 月 25 日）

"互联网＋"高效物流实施意见（2016 年 7 月 29 日）

推进"互联网＋"便捷交通　促进智能交通发展的实施方案（2016 年 7 月 30 日）

上海市推进国际航运中心建设条例（2016 年 8 月 1 日）

关于对电子商务及分享经济领域炒信行为相关失信主体实施联合惩戒的行动计划（2016 年 8 月 2 日）

关于推进供给侧结构性改革 促进物流业"将本增效"的若干意见（2016 年 8 月 11 日）

物流业降本增效专项行动方案（2016—2018 年）（2016 年 9 月 26 日）

网络购买商品七日无理由退货实施办法（征求意见稿）（2016 年 9 月 27 日）

关于进一步加强农村物流网络节点体系建设的通知（2016 年 10 月 25 日）

快递营业场所基础数据元（2016 年 11 月 17 日）

快递车辆基础数据元（2016 年 11 月 17 日）

快件寄递状态分类与代码（2016 年 11 月 17 日）

快递用集装容器第一部分：集装笼（2016 年 11 月 17 日）

关于促进电商精准扶贫的指导意见（2016 年 11 月 23 日）

邮政业发展"十三五"规划（2016 年 12 月 20 日）

京津冀地区快递服务发展"十三五"规划（2017 年 3 月 1 日）

长江三角洲地区快递服务发展"十三五"规划（2017 年 3 月 1 日）

珠江三角洲地区快递服务发展"十三五"规划（2017 年 3 月 1 日）

关于开展快递业绿色包装应用试点的通知（2017 年 3 月 16 日）

快件航空运输信息交换规范（2017 年 3 月 30 日）

快递服务与制造服务（仓配一体化）信息交换规范（2017 年 3 月 30 日）

国家邮政局关于加强和改进快递末端服务管理工作的指导意见（2017 年 5 月 22 日）

《快递封装用品系列》国家标准（2017 年 8 月 9 日）

关于协同推进快递业绿色包装工作的指导意见（2017 年 11 月 2 日）

快递业信用管理暂行办法（2017 年 12 月 29 日）

快递末端网点备案暂行规定（2018 年 5 月 28 日）

交通运输部关于修改〈快递业务经营许可管理办法〉的决定（2019 年 11 月 20 日）

企业运营智能快件箱经营快递业务许可核定规则（2020 年 4 月）

关于加强快递绿色包装标准化工作的指导意见（2020 年 8 月 4 日）

关于做好快递员群体合法权益保障工作的意见（2021 年 7 月 21 日）

关于加快农村寄递物流体系建设的意见（2021 年 8 月 20 日）